他教科と連携した
小学校英語の授業

―――CLIL的アプローチ 学習指導案21例―――

内山 工

郁朋社

はじめに

　英語は「使うこと」で身に付き「使って」初めて役に立ちます。英語は体育・音楽・図工のように繰り返しの練習で身に付く教科です。サッカーボールのパスの仕方やリコーダーの音の出し方を知っていても実際に練習しなければ上達しません。小学校の様々な学習場面、国語・社会・算数・理科・道徳等や行事・特別活動を含めた生活場面で、英語を使って教育効果を上げ英語も身に付く方法を考えてみました。学校教育の目標である「心を育て、論理的思考力を培う力を養う」ために「英語を使う」ことでできる指導法を模索しました。

　本書掲載の指導案は「英語を教える」から、「英語で教える」という視点で作成しました。例えば、6年社会の「行ってみたい国」や3年理科の「昆虫の成長過程」等の内容を英語で学びます。つまり「他教科の内容」を「英語で」学ぶ教科横断型の英語学習指導案となっています。日常では日本語を使い、外国語として英語を学ぶ子供達が他教科の内容を英語で学ぶ時100％英語を使って授業を行うわけにはいきません。本書では、英語を使って学習効果を上げる方法、知的好奇心を持ち考えることの楽しさを味わえる方法、そして確実に英語が身に付く方法等、具体的な指導方法について紹介します。

　掲載した教科横断型の学習指導案は「児童英語教員養成課程」講座の履修生のアイデアをヒントにして、現場の先生方の参考になるよう加除訂正を加えました。履修生は外国語学部の大学生で、他にもパントマイムを応用したマイムストーリーの台本つくりや、絵を描きながらストーリーを語るドロートークの台本つくりにも取り組みました。

　近年、生涯を通して探求し続けることのできる自立した学習者を育てることが求められています。小学生は豊かで敏感な心を持ち、自分自身の未来に希望のシナリオを描いています。この時期こそ、生涯学習し続けるための基礎となる学習態度を身に付け、しっかり考え自分の意見を持ち発信できる子供を育てたいものです。「英語」という道具を活用して、勉強は面白いと実感し探求することの痛快さを味わえる子供達が育つことを願っています。

　Chapter1 では、ヨーロッパで始まった内容言語統合型学習（CLIL：Content and Language Integrated Learning）の概念や基本理念について、Chapter 2 では、英語の特性を生かした指導法について、Chapter 3 では学習指導案の具体例を掲載しました。Chapter 4 は創作ストーリーテリングの台本例です。Chapter 5 は本書指導案に掲載の「自己評価」について説明を加えました。

　本書が皆様の役に立ち、ほんの一部でも実践して頂けることを願っています。

内 山 　工

【目 次】

はじめに …………………………………………………………………… 1

Chapter 1 他教科の内容を取り入れた CLIL（クリル）的アプローチ ………… 3
　（1）CLIL に出会うまで ………………………………………………… 4
　（2）日本における CLIL（内容言語統合型学習） ………………………… 7
　（3）CLIL が求めること ………………………………………………… 8
　（4）CLIL の基本理念 …………………………………………………… 11

Chapter 2 英語の特性を生かした指導法 ―学習指導案作成のポイント― … 15
　（1）ティームティーチング（TT）をフル活用する ………………… 16
　（2）「正確さ」と「流暢さ」を求めるアクティビティ ………………… 18
　（3）チャンツを活用する ……………………………………………… 19
　（4）ペア・グループ学習で「英語を使う」 ………………………… 20

Chapter 3 各教科の内容と連携した英語の授業 ……………………………… 21
　Part 1　国語・社会との連携 …………………………………………… 22
　Part 2　理科との連携 …………………………………………………… 42
　Part 3　算数との連携 …………………………………………………… 62
　Part 4　その他の教科との連携 ………………………………………… 82

Chapter 4 創作ストーリーテリング ………………………………………… 107
　Part 1　パントマイムを応用したマイムストーリー ………………… 109
　Part 2　絵を描きながら語るドロートーク ………………………… 124

Chapter 5 学習者を支援する評価 …………………………………………… 133
　🍎本書掲載指導案「指導者の支援と評価」欄について ……………… 134
　🍎本書掲載指導案「自己評価例」について ………………………… 134
　（1）総括的評価と形成的評価 ………………………………………… 135
　（2）ルーブリックを取り入れて ……………………………………… 136
　（3）CLIL での評価方法を考える …………………………………… 137
　（4）振り返りで自己評価してみる …………………………………… 138

おわりに……………………………………………………………………… 141
参考文献及び書籍…………………………………………………………… 142
使用した英語絵本…………………………………………………………… 143

Chapter 1

他教科の内容を取り入れた
CLIL（クリル）的アプローチ

模擬授業風景　行ってみたい国（6年）

（1）CLIL に出会うまで ●●●●●●●●●●●●●●●●●●●●●●●●●●●●●●●●●●●

 私の中学時代（昭和）の勉強方法……

　昭和 40 年代、中学校で英語の勉強をし始めた時は「読む・書く」が中心でした。家庭学習で、教科書の本文を英語ノートに視写し、新出単語を単語帳に書き出し、その単語の意味を辞書で調べ、発音記号を写していくのが宿題でした。「読む・書く」中心で「聞く」のは日本人の英語の先生の音読でした。ネイティブの発音は、ラジオから流れるプレスリー（Elvis Presley）の Love Me Tender やナツキンコール（Nat King Cole）の Mona Lisa やアンディウイリアムス（Andy Williams）の Moon River 等の歌を意味も分からず聞いていた記憶があります。「書くこと」は、教科書の本文を視写したり、日本語の文を「英訳」したりすることでした。自分で調べたことや自分の考えを英語で表現するという学習ではありませんでした。

　振り返ってみると、学校で「話す」体験はありませんでしたが、この時代の学習方法が間違っていたとは思えません。新出単語を書き出す作業では、既習の単語と新出単語を「見分ける」能力が付きました。また、単語の意味を調べる学習では、辞書の使い方のスキルが定着しました。発音方法は発音記号で学びました。think の th の発音は /ə/ であり、舌を上下の歯の間で挟み、口の中の空気をその隙間から出すことを知りました。同じ綴りの th でもthere は / ð/ という発音記号で、口形は同じですが喉から声を出す練習をしました。発音記号の発音の仕方を習得すれば知らない単語も発音記号を頼りに読めるようになりました。これらの学習方法はスキルの獲得であり自主学習の要でもありました。

　英語の学習に限らずどの教科においても、指導者はクラス全員がその学習内容を理解でき自分から進んで学習しようと思える授業を用意する必要があります。子供ひとりひとりの関心事は様々なので先の発音記号の学習方法を好まない子供にとっては面白くない学習となってしまいます。発音記号を学ぶことに問題があるのではなく、指導者がその学習の仕方をどのように提示するのか、どのようにやる気を起こさせる「仕掛け」を提示できるかが大切になるのです。

外国語（英語）活動が小学校に導入された頃

　平成 23 年度（2011）、小学校では外国語活動が 5，6 年生に導入され、週 1 時間の外国語活動の中で、音声を中心に体験的な活動を通して慣れ親しみコミュニケーションの素地を養うこととなりました。

　英語を指導するのは 5，6 年生のクラス担任（CRT：Classroom Teacher）ですから、高学年の担任希望者がいなくなった学校もありました。一方、高学年への導入に先立つ 2 年間の移行期間に「英語活動」を校内研究で取り上げ、全職員が協力して CRT が英語指導できるよう取り組む小学校もありました。それまでは、モジュールと呼ばれる 10 分や 15 分という細切れの時間での歌やゲーム等の英語活動でしたが、45 分間の授業として英語学習指導案を作成し指導する場面も見られるようになりました。英語教科書のない時でしたので、学年で指導案を検討し工夫し作成するという校内研究の取り組みもありました。

　東京都のある公立小学校では、勤務の後や休日を利用して「教えるためにはまず自分が学ばなくては！」と英会話教室や英語塾に通う先生方が増え、CRT だけでなく保健室の先生や図工や音楽等、専科の先生も巻き込み、試行錯誤の英語指導法の模索が続きました。さらに、文部科学大臣定例記者会見（平成 25 年 12 月 13 日）では、中学年の 3，4 年生から「外国語活動」の実施となり、5，6 年生は「教科」として週 3 コマ程度を設けることが打ち出され、現場における英語指導法の充実が喫緊の課題となりました。

　「外国語活動」は「聞く・話す」中心の学びであったため、歌やゲーム、会話といった活動が多く、学年が上がるにつれて、知的な活動をしたいという児童の欲求を十分満たすことができていないという課題も浮かび上がりました。多くの公立小学校では、外国語指導助手（ALT：Assistant Language Teacher）に指導内容や指導方法を任せ、CRT は補助的な役割に甘んじることもありました。当時、ALT は一人で数校の公立小学校を受け持つことが一般的で、学年に応じたカリキュラムがあるわけではなく発達段階を考慮した学習内容を CRT と相談する充分な時間もありませんでした。

令和2年度（2020）から小学校で外国語（英語）の授業が始まる

　平成29年（2017）3月31日に学校教育法施行規則の一部改正と小学校学習指導要領の改正が行われ、移行措置として平成30年度（2018）から一部が先行実施され、令和2年度から新小学校学習指導要領等は全面実施となりました。

　5，6年生は「外国語」として年間70時間を確保し「聞く・話す・読む・書く」の4技能を扱い系統的・体系的な学習を進めコミュニケーションの基礎を養うことになりました。3，4年生は「外国語活動」として35時間の英語学習が定められました。3，4，5，6年生には、文部科学省の認定を受けた教科書や視聴覚教材が使用され、ほとんどの公立小学校ではクラス担任（CRT）がネイティブのALTのサポートで、学校によっては、日本人英語指導コーディネーター（JC）の協力を得ての授業でした。

　英語学習と他教科との連携について、文部科学省は小学校学習指導要領（平成29年告示解説外国語活動・外国語編）で、「教材選定の観点」において次のように明記しています。「……日常生活、風俗習慣、物語、地理、歴史、伝統文化、自然等を取り上げる際は、児童の発達の段階に配慮し、それぞれの地域の家庭や学校生活等を中心としたもの、また、例えば他教科で学んだ歴史上の人物や建造物、伝統文化、自然等を取り上げ、児童が興味・関心を持って取り組めるような題材を選択することが大切である（文部科学省、2017、p134）」としています。

　他教科と連携して外国語を学べる方法のひとつにCLILと呼ばれるアプローチがあります。CLILとは、理科や算数等他教科の学習内容を母国語以外の言語で学ぶ方法です。笹島茂著『CLIL 新しい発想の授業—理科や歴史を外国語で教える!?—』（2011）によると、イギリスの小学生がスペイン語で芸術を学んだり、ノルウェーの中学生がドイツ語で芝居をしたり、イタリアの高校生がフランス語で理科を学んだり、日本の大学生がイタリア語で料理を学んだり、オーストラリアの人が中国語で美術を学んだりしています。また、アジアの国々、シンガポール、香港、フィリピン等では英語で他教科の内容を学ぶ機会があるようです。

　日本の教育現場では、歌やゲームを中心に英語に慣れ親しんできましたが、今、発達段階に合った知的活動を伴う英語学習が求められています。児童の知的好奇心を揺さぶる授業つくりが喫緊の課題です。様々な試みを行っている現場の先生方に、他教科の内容と連携した英語学習のヒントとして、「内容」と「言語」を統合して学ぶアプローチである「内容言語統合型学習（CLIL：Content and Language Integrated Learning）」を紹介したいと思います。

（2）日本における CLIL（内容言語統合型学習）••••••••••••••••

　CLIL（Content and Language Integrated Learning）には大きく2つのタイプがあり、ひとつはバイリンガル・プログラムと呼ばれる「ハードCLIL」です。学校生活の半分以上を目標言語（学習の目標となる言語）で学び、徹底した内容重視の外国語指導を行います。日本では、静岡県の加藤学園や千葉県の幕張インターナショナルスクール等でバイリンガル教育（二言語併用）を行っています。日本の公立小学校では、過去に、日本の学校教育への外国語（英語）の導入については反対がありました。小学生は日本語の読み書きが確立していないのに英語を学ぶと混乱するという意見でしたが、バイリンガル教育についての研究が進み、現在では、第二言語の学習は第一言語の発達をも促し、特に幼少期における英語による「聞く・話す」経験は豊かな言語使用を培うともいわれています。

　現実的には、日本でのCLIL導入に当たっては「ソフトCLIL」が考えられます。児童が興味や関心を示す内容を取り上げ、あるトピックを言語学習の一部として教えます。カリキュラム全体を通して目標言語（日本の公立小学校の場合は英語）で教えるのではなく、カリキュラムの一部または部分をタスク学習やプロジェクト学習にして目標言語で教える方法です。

　2011年頃から上智大学を中心にCLILの考え方が紹介されるようになり、現在ではCLILを用いた指導法に賛同した大学や高校の先生方がオリジナルのカリキュラムを作成し現場で指導し始めていますが、公立小学校ではこれからの取り組みといえます。

　ひとりひとりの子供が尊重され、豊かな個性を発揮して成長できる学習環境を整えるために、CLILの考え方は英語指導だけでなく教育全般においてとても参考になります。
　では、CLILの基本的な考え方を見てみましょう。

（3）CLIL が求めること ●●●●●●●●●●●●●●●●●●●●●●●●●●●●●●●●●

 「考える力」を付ける

　CLIL の大きな 4 つの概念は、Content（内容）、Communication（言語）、Cognition（思考）、Community / Culture（協学）で 4Cs といわれ、思考力の育成を目標にしています。学習者の思考力を培うため考える場面を授業の中で用意します。どんな内容であれば、学習者は進んで考えるか、どのような言語材料を準備すれば思考が深まるか、友達同士の話し合いで、どんな投げかけをすれば意味のやり取りが活発になるか等、学習の綿密な計画を立てることが大切です。

　Cognition（思考）とは「考える・知る・分かる」といった様々な知的活動のことです。具体的には、「記憶→理解→応用」という低次元の思考力から「分析→評価→創造」という高次元の思考力があります。「思考する・考える」には様々あり、学年の発達段階に応じて「気付く・分かる・判断する・推測する・連想する・思い付く・想像する・振り返る」という具体的な言葉で「思考する場面」を考えると良いでしょう。

　CLIL の基本的な枠組みである Content（内容）は新しく得られる知識、スキル、理解のことで、教科の単元のことでもありテーマやトピックのことでもあります。日本ではこれまで、「英語」を「外国語」として学ぶ時、語彙・文法・発音といった言語知識や 4 技能（読む・書く・聞く・話す）の訓練でした。CLIL では、人とのコミュニケーション（Communication）を通して「英語という言語」を学びます。英語は「ツール」としての役割を担います。つまり、友達と話し合ったり、グループ活動に積極的に参加したり、でき上がった作品を通して意見交換したりしてコミュニケーションを取り考えを深めるための道具なのです。Community（協学）は、ペア学習やグループ学習等で仲間と一緒に活動し様々な考えを共有する学習形態です。なお、ヨーロッパでは「協学」には Culture が使われます。これは、多民族・多文化・多言語からの共同体での教育法であることに由来します。日本では「協学」は Community を使っています。

CLIL の基本的枠組み

Content（内容）	単元、テーマ、トピック
Communication（言語）	学習の言語（language of learning） 学習のための言語（language for learning） 学習を通しての言語（language through learning）
Cognition（思考）	記憶→理解→応用→分析→評価→創造 （低次元の思考）　　（高次元の思考）
Community（協学）	個人学習、ペア学習、グループ学習、一斉学習

CLIL の言語（Communication）3 つのポイント

　CLIL では、身に付けたい言語として 3 種類掲げています。本書掲載の指導案に掲げた「言語材料」は、「学習の言語（language of learning）」で、テーマやトピックの内容に関連する単語や語句・文法・発音等授業内で学習する言語です。その他に 2 種類の言語習得を目指します。2 つ目は「学習のための言語（language for learning）」で批判的な読み・ノートの取り方・小論の書き方・グループ学習の仕方等で使用する言語で学習スキルともいえます。そして、3 つ目は「学習を通しての言語（language through learning）」で、読む・聞く・話す・書くことによる言語と学習スキルの統合で、テーマやトピックを学習した後、学習のまとめとしてプレゼンテーションやライティング等の表現活動をする時の言語です。

　例えば、「昆虫の成長過程 3 年（p42 参照）」で学ぶ英単語 egg, larva, pupa, butterfly 等は「学習の言語」で、授業中に学ぶ言語材料です。そして、egg（卵）や pupa（さなぎ）という「学習の言語」を児童から引き出すために指導者が尋ねる What's this? は「学習のための言語」です。繰り返し授業内で使用されることで、児童は What's this?（これは何？）の意味が分かり、What（何）に対する答えとして「It's an egg.（卵です）」とか「It's a pupa.（さなぎです）」と答えれば良いことが分かり「答え方」を学びます。3 つ目の「学習を通しての言語」は、昆虫の成長過程を学習した後、内容から派生して児童が自由に考えを広げ、学習したのは butterfly（蝶）だけれど、トンボも同じような成長過程なのかを疑問に思い、トンボについて調べたことを表現するための英単語や語句のことです。

　このように CLIL では、授業内に習う言語だけではなく広範囲な言語の獲得を目指しています。ですから、高い次元の思考ができる高学年にはそれにふさわしい「学習の言語」を準備して授業を組み立てる必要があります。もし、高学年の学習目標が「apple、orange、banana 等果物の名前が分かる」という目標であれば児童の発達段階に応じた指導にはなりません。授業で使用される英単語や語句は、学年の児童の思考力や理解力に応じて計画し、児童の社会的文化的経験に基づいたものを準備することが求められます。

CLIL の歴史と諸外国の言語習得事情

「内容」を教えるのに「第二言語」を使用するという学習形態については、歴史をさかのぼると 5000 年前になるそうです。現在のイラクあたりでスメリア人を支配したアッカド人が神学、植物学、動物学を現地の言葉であるスメリア語で学んだそうです。

「言語」と「内容」を統合した学習形態が公に始まったのは 1965 年フランス語圏のカナダ、ケベック州に住む英語話者のフランス語習得です。親達は子供達がフランス語を話せると就職に有利だろうと考えたそうです。これは、英語を母語とする学習者が全ての科目をフランス語で学ぶイマージョンプログラム（第二言語による指導）でした。

ヨーロッパでは 1970 年代の「複数言語の互いの独立性を認めながら文脈や目的に応じた適切な言語を使用できる能力が重要だとする理念（複言語主義：plurilingualism）」と深く結びついて普及したそうです。東ヨーロッパの国々では、1970 年代に少数言語（minority）とその国の言語（state language）の両方を使っての部分的なイマージョンが始まったそうです。さらに、イギリスでは「カリキュラムを横断する言葉の教育（Languages Across the Curriculum）」が始まり、科目の内容と言葉を統合して学ぶ必要があるという理解が広がりました。

1992 年に欧州連合（EU）は欧州各国の地域統合を実現するために、United in Diversity（多様性の中の統合）のもと加盟国内の人の往来が増え通貨の統合があり、EU 諸国の学校では「英語という言語」が内容を教える「ツール」にシフトしました。2006 年に EURYCICE により出版された Content and Language Integrated Leaning（CLIL）at school in Europe では CLIL プログラムとして紹介され、ヨーロッパの国で広く取り入れられるようになりました。現在では EU 市民の半数が母国語以外で会話できる言語として英語を挙げているそうです。

アメリカ合衆国では、スペイン語を母語とするラテンアメリカから移住した子供達は、学校では英語を使います。英語は第二言語（ESL：English as a Second Language）で家庭以外では英語を話します。また、1980 年代にコミュニカティブな英語教育として、内容を中心に指導する「内容中心指導法（CBI：Content-based Instruction）」も普及しました。

日本の子供達は英語を外国語（EFL：English as a Foreign Language）として学びます。ヨーロッパの国やアメリカ合衆国とは言語学習のバックグランドが異なります。ですから、諸外国のやり方をそっくり真似するには問題が多く、日本独自の CLIL のアプローチを構築する必要があります。そこで、CLIL の基本理念を明らかにし日本の学校教育における CLIL の活用を考えたいと思います。

（4）CLIL の基本理念 ●●●●●●●●●●●●●●●●●●●●●●●●●●●●●

 自立した学習者を育てる

　CLIL の目標は 3 つ「内容を学ぶ・言葉を学ぶ・学び方を学ぶ」です。日本の英語教育に是非取り入れたいのは学習者が学び方を学び「自立した学習者（learner autonomy）」になることです。他から教えられることを待っているのではなく自分から学びたいことを見つけ（問題発見）、解決のための手段を選び、問題の答えを様々な方法で探り、その答え（発見）に対して自分なりにさらなる考えを持つという学習スキルを身に付けることです。学び方が身に付けば、積極的に学習するようになります。従来の外国語学習は、何をどれだけ身に付けたか、文法や新出語彙、語句や文型をどれだけ覚えたか、どれだけ英語文を正確に訳すことができるかが問われましたが、生涯学習し続ける人材を育てるためには学び方を学ぶことが必須なのです。

　「学習」というのは高校や大学までのものではありません。社会に出ても新たな知識の獲得が必要です。就職先でその仕事ならではの内容に関することを学習する必要があります。また、仕事内容が変わればその都度新しい知識が必要となってきます。多くの人にとって学校で習う数学や物理、日本史や世界史の内容を仕事で使うことは少ないですが、「学び方を学ぶ」方法を身に付けていれば自分の力で学習を続けることができます。学び方を知っていればどんな疑問も自分で解決できるようになります。疑問を持ち人に尋ねたり図書館で調べたりして解決の仕方を知り得られた知識をまとめ発信する。そこには「学び」の上昇連鎖が生まれるのです。なお、図は笹島（2011）の p14 を参考にしました。

本物に触れる「内容」で学ぶ

　CLIL の教材研究では「本物に触れること（authenticity）」が何よりも大切です。「本物・本当のこと」は学習者の心をつかみます。自分の生活や学習の中で起こりそうもない設定での学習は「本気」になれません。学習したことを使う場面が確実にあれば、「その気」になれます。モチベーションが上がるのです。

　指導計画作成の段階で実際に経験できる内容を組み入れてみましょう。観光地に出かけてガイドをしたり、森に出かけて木の実を拾い工作をしたり、年間通して小麦栽培やコメつくりをしたり、実体験を伴う学習を計画します。100% オリジナルの指導計画でなくても、英語の教科書に紹介されたテーマを使って本物経験ができるように指導案を工夫すれば CLIL のアプローチは可能です。東京浅草界隈や京都の観光地近くの小学校なら、「道案内」の単元で実際に日本を訪れている観光客に浅草寺や金閣寺までを道案内するといった計画を組み込むこともできます。

　また、新学習指導要領の年間指導計画例、4 年生の単元で 5 時間扱いの「What do you want? 欲しいものは何かな」では、食材の英語名を学んだり、欲しいものを尋ねたりする学習の後、自分のオリジナルメニューを紹介する計画になっています。そこで、「本物に触れる機会」として家庭科室でそのメニューを実際に調理して、図工や音楽等専科の先生を招待して会食する計画を付け加えることで学習の必然性も生まれ楽しい活動になります。既存の学習指導計画に少し味を付け実際に「体験の場を持つ」ことで、児童の学習意欲は高まります。招待された先生方からのアドバイスや励ましは次への学習意欲に繋がります。

　付け足しですが、英会話の学習で本物の教材（real-life contexts）を扱ったコミュニカティブ・アプローチがありますが、これらは言葉の指導に重点を置いたもので CLIL が求める「本物に触れる」とは異なります。しかし、CLIL で指導計画を立てる時、参考にできる場面があります。例えば、「聞く・読む」インプットの教材として、ニュース・子供の物語・旅行ガイド・天気予報・空港や駅でのアナウンス・ラジオトーク・ツアーガイド・インタビュー等です。「書く・話す」アウトプットの教材として、手紙・レシピ・メニュー・新聞記事・時刻表・星占い・広告・パンフレット・絵葉書・道路地図・劇場プログラム・詩・取扱説明書等があります。上手に活用したいものです。

指導者は「導き、引き出す」役目をする

　CLIL のアプローチでは、指導者は「学習の手助け」役となります。教え込む役割ではなく「児童が考える」場面を想定して導き、知識を獲得したり疑問を解決しようとしたりするのを「引き出し」ます。

「手助け」は授業の計画段階と授業が始まった時の 2 種類あります。計画段階では、提示する教材に「学習者が心をときめかし、思考を要する場面」を数多く仕組んでおく必要があります。不思議だな、予想と違うなといった「不思議」の種をたくさん撒くことです。また、疑問を解決するための道具（パソコン・辞書・書籍等）を準備することも必要です。事前の教材研究を綿密に行うことで自信を持って授業に臨むことができます。

　2 つ目の「手助け」は実際の学習場面で説明したり具体例を示したり、児童の疑問に答えたりすることです。児童の疑問や仲間のアイデアや閃き、また指導者の発問に対して、さらに高い次元の思考に導き他の児童を巻き込んで考えさせるといった助言です。発達段階に沿った知的な活動を設定する「考える」場面を提供することが求められます。

　本書掲載の指導案では児童に対する指導者の発問や励ましも言語材料としました。さらに、クラス担任（CRT）と ALT とのオーラル・イントロダクションや児童が授業中に耳にする英単語や語句も言語材料と考えました。例えば、「カレーライスつくり（p98 参照）」では、家庭科専科の先生（SPT：Support Teacher）と CRT の英語でのやり取りを聞くことはインプットといえます。

　アウトプット（発話）には時間がかかります。習ってすぐにアウトプットできなくても「聞いてその指示が分かる」ことは言語習得の第一歩です。児童は、学習内容のテーマやトピックに関する言語をその時間内のチャンツやゲーム等で使えても 1 日経てばすぐ忘れてしまいます。普段、英語に囲まれた環境で暮らしているわけではないので実際にその言語を日常で使えるようになるには時間がかかります。授業の中で児童が耳にする英単語や語句が多ければ多い程インプット量は増えます。たくさんのインプットを受けられる環境つくりをしたいものです。

学習目標に「英語の目標」と「他教科の内容の目標」の両方を掲げる

　小学校では国語や算数等の教科、クラスの活動、行事、特別活動等多くの領域があります。CLILのアプローチではそれらの内容全てが英語学習の教材になります。学習する言語は「英語」でクラスの中で「共に学び合う」ことが大切なポイントとなります。指導者の一方的な説明で終わる45分間ではなく、自分の考えを伝えたり友達の意見を聞いたりみんなで試行錯誤して学習の方向を見い出す「学び合い」の場面を設定することが求められます。

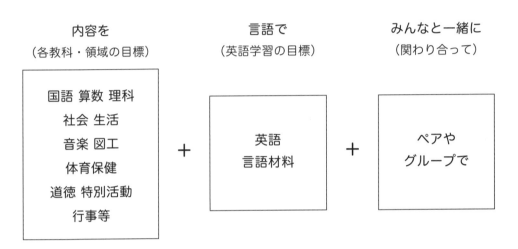

内容を　　　　　　　　言語で　　　　　　みんなと一緒に
(各教科・領域の目標)　(英語学習の目標)　(関わり合って)

国語 算数 理科
社会 生活
音楽 図工
体育保健
道徳 特別活動
行事等

＋　　英語
　　言語材料　　＋　　ペアや
　　　　　　　　　　グループで

　CLILのアプローチは、日本語ですでに学んだことを英語で学び直すのではありません。学習目標は、英語の到達目標と教科の到達目標の2つを同時に掲げます。例えば、算数で、1年生の「1位数＋1位数で繰り上がりのない足し算」を日本語で学習した後、英語で同じ内容をもう一度学習するのではなく、45分の授業内に両方の科目の目標を立てます。そのためには、算数と外国語（英語）の学習指導要領に沿った目標を把握する必要があります。算数の内容を英語で指導する時、児童が理解できるかを考え使用する英語の言語材料を精選することが大切です。

　また、算数の内容を英語で直接理解できる仕掛けをつくることが求められます。特に低学年ではその発達段階を考慮すると具体的な道具が必要です。児童の理解を進めるための分かりやすい教具や使いやすい道具、児童が理解できる発問を準備する必要があります。

　日本の公立小学校の授業を全て英語で行うのは現実的ではありません。学習指導要領のどの項目であれば、英語で授業が行えるかを検討します。例えば、「1位数＋1位数で繰り上がりのない足し算（1年）」の「意味を知る」や「数の比べ方や数え方」であれば、具体物を使いながら英語で授業ができます。しかし「式表現や式読み」は日本語で行う方が効果的です。日本の公立小学校でのCLILは何が何でも全て英語で行うというのではなく「児童の理解」を一番に考えて計画することが大切です。

Chapter 2

英語の特性を生かした指導法
―学習指導案作成のポイント―

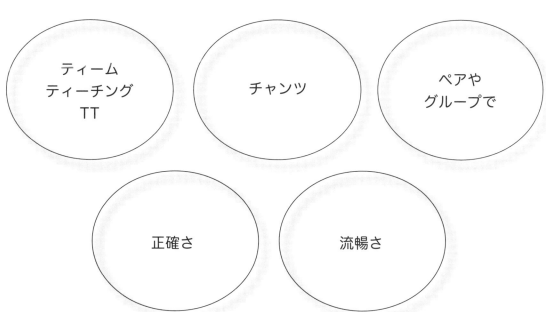

ティーム
ティーチング
TT

チャンツ

ペアや
グループで

正確さ

流暢さ

（1）ティームティーチング（TT）をフル活用する ●●●●●●●●●●●●●●●

　小学校の授業では、複数の指導者がお互いに助け合って授業をすることがあります。児童は様々な指導者と関わることや外部からの参観者の訪問をとても喜びます。また、TT では指導者間で授業内容についての共通理解や児童理解も生まれます。

　TT の形態では、主に授業を進める（T1）と補佐をする（T2）が定番です。補佐役は、CD の用意、カードの配布、児童・生徒の学習状況の机間指導等の役割を担うことが多いですが、他にも様々な形態が工夫されています。例を紹介します。

〈パフォーマンス型〉

　クラス担任（CRT：Crassroom Teacher）とサポート先生（SPT：Support Teacher）が協力して、導入で短いスキットの英語劇をしたり、ゲームの前に 2 人で見本を示したりするオーラル・イントロダクション（oral introduction）はパフォーマンス型です。

　あっと驚く「導入」は児童の心を引き付けます。授業の始めに児童の心を引き付けることができれば、授業の展開部分はスムーズに流れます。何故でしょう。それは、授業の最初に児童一人一人が問題意識を持ち自分の課題を設定することができるからです。疑問も不思議も持たずに始まった 45 分間は受け身の 45 分間になってしまいます。CRT と SPT が協力してアプローチを工夫することで児童の学習意欲は上がります。

〈ゲーム・チェック型〉

　同学年の他クラスの CRT や専科の先生が SPT として参加します。グループごとの活動でルールを守ってゲームを進めているか、決められた英語のフレーズを発話しているか等をチェックします。チェックポイントにいる SPT も英語を使って指示を出します。

〈独立型〉

　クラスによって演じる題目が異なる発表で、例えば「桃太郎」と「おおきなカブ」の英語劇では、学年間での指導計画や指導方法は同じですが練習はそれぞれのクラスで行い、本番で披露する時は 45 分の授業時間を半分ずつ使って発表します。指導方法を共有し劇をつくり上げる段階で情報を交換することができます。

英語劇「大きなカブ」

英語劇「桃太郎」

〈ボランティア型〉

　ある小学校の校内研究で産休間近いCRTを同じ学年の他クラスのCRTがサポートしました。単元名「動物の動き」で実際にjumpとhopのニュアンスの違いを教えました。I am playing volleyball. といってジャンプしてアタックの真似をしてjumpの意味を知らせました。また、I am a rabbit. といって軽く跳ねて見せhopの意味を伝えました。ボランティア型TTは微笑ましいものでした。学校内での惜しみない協力で楽しい授業となりました。

〈ネイティブとコラボ型〉

　児童は授業中思いがけない質問をしCRTが対応しきれない時があります。本書掲載の指導案「日本のお正月と世界のお正月（p22）」では、CRTは前もって、キラキラ輝く様子はshining、凧上げはfly a kite等と準備していましたが、「楽しい様子」をどのように英語で表現すれば良いかの質問に戸惑いました。ネイティブはtra-la, tra-la-laで表現しました。まさに英語の感覚といえます。

〈飛び入り型〉

　校長先生や副校長／教頭先生の飛び入りも児童にとっては嬉しいものです。また、学校訪問してくれる地域の方や教育関係者等、普段関わらない方からのアドバイスは児童にとって新鮮そのものです。

（2）「正確さ」と「流暢さ」を求めるアクティビティ ••••••••••••••

　英語上達のためには「正確さ」を追求する場面と「流暢さ」を追求する場面が必要です。
　新出の単語に出会った時には、始めが肝心、いい加減に覚えるのではなく正確にインプットする必要があります。しかし、正確さばかりに気を取られて話せなくなってしまうケースもあります。「間違ったらどうしよう」と思ってしまうと発話できなくなってしまいます。ですから、「流暢さ」を求める時は、間違ったとしても流れを止めず直したりもしないことです。

　本書掲載の 4 年生の単元「ごみを分別しよう（p34）」では、初めての単語を学ぶ時（アクティビティ①）は、「正確さ」を目標にします。burnable の発音を丁寧に教えます。burn-able と音節に区切って繰り返し発音してみせます。読んでいる文字をなぞりながら、文字と音を結び付けて教えます。recyclable は、re-cy-cla-ble と音節に分けて練習します。児童がいい間違えた時には訂正してあげます。これは「正確さ」を求める時の指導法です。

　一方、「流暢さ」を求める時は、児童がいい間違えても訂正しません。それは学習の勢いを止めることでやる気を削いでしまうからです。チャンツ練習（アクティビティ②）では 4 拍子に合わせリズムに乗って滞りなく発話できれば良いのです。その際、red box を green box といっても、plastics の発音がプラスチックと日本語になってしまっても、recyclable をリサイクルといってしまっても児童の学習の流れを止めないであげてください。

　45 分間の授業内に「正確さ」を求める練習と「流暢さ」を求める練習をバランス良く組み合わせたアクティビティを計画したいものです。そして「間違い」は恥ずかしいことだとか失敗だとかというネガティブな気持ちを児童に持たせないクラスの雰囲気つくりが大切であることを付け加えたいと思います。

（3）チャンツを活用する ●●●●●●●●●●●●●●●●●●●●●●●●●●●●●●

　チャンツは、1978 年にキャロリン・グラハム（Carolyn Graham）さんによって第二言語習得の指導法として開発されました。ジャズ音楽のピアノ伴奏をしていた時に、ナチュラルな英語の話し言葉のリズムがジャズのリズムと同じことに気付きました。話し言葉を 4 拍子のリズムに合わせて表現するチャンツは日本でも広く普及しています。シャーリー・トンプソン（Shirley Thompson）さんの Teaching with Jazz Chants-American English（PDF）によると、チャンツ使用の便利さについて次のような説明があります。

- Chants use natural spoken English　チャンツはナチュラルな話し言葉です
- Chants can be used in classes of any size　チャンツはどんな人数のクラスでもできます
- Chants don't require any special materials　チャンツは特別な教材教具は要りません
- Chants can be used with all age groups　チャンツはどんな学習者にも使えます
- Chants do not require musical ability　チャンツは音楽の才能は要りません

　Chapter3 の指導案にチャンツを載せました。チャンツは英語学習だけでなくその繰り返しの面白さから、他教科でも学習内容を定着させるのに有効です。

　算数の繰り返し計算問題では、従来ならノートに計算問題を写して答えを考え書くといった個人の作業で黙々と取り組むドリルですが、チャンツを活用することで、ノートと鉛筆を使わずみんなと一緒に声を出して楽しくできます。また、自分の間違いを即座に気付くことができます。例えば、1 年生の単元「繰り上がりのある足し算をしよう（p66）」では、「6 は 5 と 1、7 は 5 と 2、8 は 5 と 3、9 は 5 と 4」をクラス全体で繰り返し唱えますが、途中で間違えてしまっても周りから正解が聞こえてくるので即座に訂正できます。子供は、自信がない時は小さい声ですが自信ができたら大きい声で唱えるものです。

♩	♩	♩	♩
Six	is	five　　and	one
Seven	is	five　　and	two
Eight	is	five　　and	three
Nine	is	five　　and	four

　また、2 年生の単元「オリジナル図形をつくろう（p70）」では、
　　This is a triangle. One, two, three!（角を差しながら）
　　This is a square. One, two, three, four!（辺を差しながら）
と繰り返し唱えることで、指し示している手の動きと言葉が同時に脳に伝達されて体を使った学習となり長期記憶に残ります。このように、チャンツの活用は筆記用具なしで繰り返し練習できる効果的な方法だと思います。

（4）ペア・グループ学習で「英語を使う」●●●●●●●●●●●●●●●

　CLIL は「その場に合わせた（just-in-time）アプローチ」といわれ、内容を学びながら習った言葉をすぐに使う学習方法です。ペアやグループ等少人数での学習形態で児童同士の「やり取り」の機会を増やします。高い語彙力や読解力があっても実践力に繋がらない英語学習に対して CLIL は「使える英語」の育成を目指しています。

　Chapter3 に掲載の指導案では、ペア学習やグループ学習を取り入れ、様々な「やり取り」の場面を設定しました。

〈やり取りする相手を変える〉
　同じ内容の練習でもやり取りの相手を変えることで、児童はその練習に新鮮さを感じます。例えば、チャンツ練習では、1 回目は先生と児童で行いますが 2 回目はグループ内で代表者が先生役をして他の児童が繰り返します。3 回目はペアで役割分担して練習します。

〈CRT とパペットとのやり取り〉
　指導者が 2 人の場合、クラス担任（CRT）とサポート先生（SPT）のやり取りができますが CRT が一人で指導する時はパペット等話しかける相手を用意します。CRT がパペットに話しかけ CRT が 2 役をするやり取りは児童の興味を引きます。パペットを用意できない時は「絵カード」でも代用できます。

〈実物のリンゴを使いマンネリ化を防ぐ〉
　英語授業の始まりの挨拶で、CRT が「今日の天気・日付・曜日」を児童に尋ねることがルーティンになっているクラスを多く見ます。本物のリンゴを登場させ、いつもは CRT が質問する内容をリンゴが質問するだけで児童は面白がります。
　例えば、1 年生の単元「フルーツを使って足し算をしよう（p62）」の導入で CRT は本物のリンゴを持ってリンゴとやり取りします。その後、リンゴが児童に「天気・日付・曜日」を質問します。導入での CRT とリンゴとのやり取りは「展開」の学習内容である「リンゴを使った足し算」の伏線となります。今日の授業は面白そうだと思わせるだけで児童の意識が上がり活動も活発になります。授業の始まりの意表を突いたアプローチは児童の心をつかみマンネリ化を防ぎます。

〈終末の日本語でのやり取りに少し英語を入れてみる〉
　学習の振り返りをペアやグループで行いそれぞれの考えや思いをシェアすることで学習の成果が上がります。振り返りの使用言語は主に日本語ですが、児童の中には習った英語を使う児童も現れます。その機会を逃さず指導者も積極的に英語を使うとクラス全体で英語を使おうとする雰囲気が生まれます。

Chapter 3

各教科の内容と連携した英語の授業

Part 1　国語・社会との連携

① 日本のお正月と世界のお正月（6 年）……………………………… 22

② 行ってみたい国（6 年）…………………………………………… 26

③ 私達の町探検・道案内・地図記号（3 年）……………………… 30

④ ごみを分別しよう（4 年）………………………………………… 34

⑤ いろいろな職業（特別活動：3 年）……………………………… 38

Part 2　理科との連携

⑥ 昆虫の成長過程（3 年）…………………………………………… 42

⑦ 季節と生き物・冬眠（4 年）……………………………………… 46

⑧ 動物の誕生・哺乳類（5 年）……………………………………… 50

⑨ 小麦の成長（総合的な学習の時間：5 年）……………………… 54

⑩ 風の動き（3 年）…………………………………………………… 58

Part 3　算数との連携

⑪ フルーツを使って足し算をしよう（1 年）……………………… 62

⑫ 繰り上がりのある足し算をしよう（1 年）……………………… 66

⑬ オリジナル図形をつくろう（図工：2 年）……………………… 70

⑭ 電車やバスの時刻表を読もう（2 年）…………………………… 74

⑮ 大きい数（億・兆）を読もう（4 年）…………………………… 78

Part 4　その他の教科との連携

⑯ Do Re Mi の歌（音楽：5, 6 年）………………………………… 82

⑰ クリスマスのオーナメントつくり（図工：1, 2 年）…………… 86

⑱ 学校探検　保健室（生活：1, 2 年）……………………………… 90

⑲ 体の動き（体育：3, 4 年）………………………………………… 94

⑳ カレーライスつくり（家庭・行事：5, 6 年）…………………… 98

㉑ The Little House（道徳：3, 4, 5, 6 年）……………………… 102

① 日本のお正月と世界のお正月（6 年）

☀ 英語でカルタをつくる

　知識欲の塊のような高学年の学習では知的好奇心を持たせることが授業成功の鍵です。お正月のカルタつくりは短い言葉で感動を伝える短歌や俳句にも通じ日本の伝統文化の学習ともいえます。

　カルタの文を短い詩と捉え「リズム」と「繰り返し」でつくってみましょう。カルタの文つくりでは名詞に付く冠詞（a, an, the）や単数・複数（an apple, apples）で悩まず、「感動を英単語で伝える短い詩」と捉えて心に残った単語を繰り返し使い「快いリズム」を紡ぎ出せば良いと思います。

　江戸時代の俳人小林一茶（1763 − 1828）は、雪が落ちてくる様子を繰り返して「うまさうな　雪がふうはり　ふわりかな」と詠みました。他にも芭蕉（1644 − 1694）の「松島や」の句等を紹介しながら「繰り返し」の面白さに気付かせてあげたいものです。

1．指導計画（3 時間）

	学習目標	言語材料
1 時 （本時）	国語：日本のお正月の初日の出、凧上げ、年賀状について簡単なカルタの文を英語でつくる	the first sunrise, fly a kite, a New Year's card, shining, happy, joy, fun, tra-la, tra-la-la, Let's play ~. Let's make~.
2 時	社会：世界のお正月について調べたことを発表し、新年を迎える習慣や風習の違いを知り、世界の国の文化や言葉に興味を持つ	12 個のブドウ (Spain) 水かけ祭り（Thailand）春節（China）ソルラル（Korea）ガレットデロワ(France)シュトレン（Germany）ヨールカ（Russia）オリーボル（Holland）等
3 時	国語：日本の伝統や文化について自分の意見や考えをまとめ創作したカルタで遊ぶ	世界の国の英語名 Peru, South Africa, Canada, Switzerland, USA, UAE（アラブ首長国連邦）等

2．本時の学習目標

①内容：日本のお正月に関連した内容についてカルタの文を英語でつくる。
②言語：日本のお正月に関連したカルタの文を英語で表現する。
③協学：ペアやグループで協力してカルタつくりを工夫する。

3. 言語材料

・the first sunrise, fly a kite, a New Year's card
・shining, happy, joy, fun
・Let's play ~. Let's make ~.
・tra-la, tra-la-la

4. 本時の流れ（3 時間扱いの 1 時間目）

学習の流れと児童の活動	○指導者の支援　☆評価
1. Greeting Fine! / Good! / Tired! / Hungry! / Sleepy!/ Happy!/ Sad! / etc. ALT と一緒に学習することを知る	○挨拶する　担任（CRT）と ALT CRT：Hello, everyone! How are you? ALT：Hi, I'm happy, and you? CRT：Oh, I'm good!
2. Guess Game 絵カルタを見て今日のトピックを推測する 初日の出、凧、年賀状の英語表現を知る トピックは「お正月」であることを知る	○今日のトピックを推測するように促す お正月にまつわる 3 枚の絵カルタを見せる What's this? 初日の出は the first sunrise in English. 凧は a kite in English. 年賀状は a New Year's card in English. Today, we are going to learn about お正月. ☆推測しているか
3. Activity ① カルタの文つくり 3 枚の絵カルタに合う文をつくる まず日本語でつくり、英語表現を辞書（和英）で調べたり、CRT やALT に尋ねたりする （例）みんなで見よう初日の出 　　　初日の出はまぶしいな 　　　凧、凧、上がれ、元気良く 　　　みんなで凧上げ、楽しいな 　　　もらって嬉しい年賀状 　　　つくってみよう年賀状	○カルタの文つくりについて説明をする 　・リズミカルな繰り返し表現にすること 　・電子辞書や和英辞書で調べること ○英語での表現を補助する ○英語表現を黒板に書き出す （例）初日の出 the first sunrise 　　　輝いている様子 shining 　　　凧を上げる fly a kite 　　　楽しい様子 tra-la, tra-la-la 　　　みんなで〜しよう Let's play /make〜. ☆カルタの文を考えているか
4. Activity ② チャンツのリズムを楽しむ 「オリジナルカルタ」チャンツ（🌱）を練習する ・日本語でチャンツをする ・英語でチャンツをする ・日本語と英語でチャンツをする	○チャンツ練習の仕方を説明する 　1 回目：CRT に続いて児童が同じフレーズを 　　　　繰り返す（一斉） 　2 回目：クラス全体を 2 つのグループに分け 　　　　て練習する（グループ） 　3 回目：ペアで練習する ○オリジナルカルタを黒板に書き出す
5. 学習のまとめと自己評価 気に入ったカルタの文をノートに記録し表現の違いについて考える 自己評価（♣）する	○日本語表現と英語表現の違いについて気付いたことを発表するように促す ☆ノートに記録し自己評価しているか ○次時の調べ学習について予告をする

5. 本時の評価

①内容：日本のお正月に関連した内容についてカルタつくりができたか。
②言語：日本のお正月に関連したカルタの文を英語で表現できたか。
③協学：ペアやグループで協力してカルタつくりをしたか。

♣自己評価例

「できたこと」2つの項目について自分に当てはまることに○をしよう。

年　　　組　　氏名

レベル／できたこと	(!^^!)	(・・)	(> <)	(+ +)
日本語や英語でカルタつくりができた	自分で良く考えて友達にも教えた	自分で良く考えた	友達にヒントをもらってできた	友達や先生に教えてもらった
日本語や英語でチャンツができた	日本語でも英語でもスムーズにできた	日本語でスムーズにチャンツができた	友達と一緒にチャンツができた	友達や先生と一緒にチャンツができた

🌱Activity 「オリジナルカルタ」チャンツ　4拍子で手拍子（♪）しながら練習しよう。

♪	♪	♪	♪
みんなで	見よう	初日の	出
Let's see the	first	♪　sun	rise　♪
初日の	出は	まぶしい	な
Shining	shining the	first sun	rise
凧　凧	上がれ	元気	良く
Fly a kite	fly a kite	tra-la	tra-la-la
みんなで	凧上げ	楽しい	な
Let's play	with the kite	la la la la	la
もらって	嬉しい	年賀	状
Happy	happy a	New Year's	card

② 行ってみたい国（6年）

☀「調べ学習」の機会をつくる

　高学年になると、新しい技術を駆使しながらの「調べ学習」に興味を持ちます。電子辞書やインターネット等の操作方法を覚えると進んで使いたがります。そして、繰り返し使っているうちに新しいテクニックを自分で見つけ出します。指導者が教材全てを準備する必要はなく一人でできる学習環境を整えてあげることで、自分の力で解決しようという気持ちが生まれます。分からないことを自分の力で解決できれば、それは「勉強って面白い！」に繋がります。

1. 指導計画（3時間）

	学習目標	言語材料
1時	世界には多くの国があり、様々な文化や言語、生活習慣があることを知る 訪れてみたい国の言葉や挨拶の仕方を調べ発表する	Where do you want to go ? USA, Germany, Korea, China, etc. What do they say 'こんにちは' in（India）? They say hello 'namaste' in India.
2時 （本時）	世界の国旗はそれぞれの国の成り立ちや由来を象徴していることを知り、国際社会の中でお互いを尊重し協力することの大切さを知る	What do you want to see / eat in（国名）? I want to see（名所）/ eat（食べ物）. The flag says（国旗の意味）.
3時	友達のプレゼンテーションを聞き、友達が紹介する国の名所や食文化について知識を広げ興味を持つ 英語でのプレゼンテーションの形式を理解し興味のある国について国旗の由来やその国の名所、食文化について発表する	Hello, everyone! I will talk about（国名）. This is the national flag. The flag says（自由・平等・博愛）. I want to go there because I want to see（名所）/ eat（食べ物）. Thank you for listening.

2. 本時の学習目標

①内容：世界の国旗は国の成り立ちや由来を象徴していることを知り訪れたい場所や特徴的な食べ物を英語で伝える。

②言語：その国の訪れたい場所や食べたい物について英語で表現する。

③協学：ペアやグループで協力して Hello Game や「国旗調べ」をする。

3. 言語材料

・What do you want to see / eat in（国名）？
・I want to see（名所）/ eat（食べ物）.
・The flag says（例：自由・平等・博愛）.

4．本時の流れ（3 時間扱いの 2 時間目）

学習の流れと児童の活動	○指導者の支援　☆評価
1．Greeting 指導者の挨拶を繰り返す Kon'nichiwa! Hello! Namaste! Hola! Ciao! Annyeonghaseyo! Privet! Swasdi! 国によって挨拶の言葉が違うことを知り興味を持つ	○挨拶する　担任（CRT） Hello, everyone！Let's get started！ Please repeat after me！OK？ Kon'nichiwa!（日本）Hello!（英語圏） Namaste!（インド）Hola!（スペイン） Ciao!（イタリア） Annyeonghaseyo！（韓国） Privet！（ロシア）Swasdi！（タイ）etc.
2．Activity ① Hello Game（例） Kon'nichiwa!—日本：寿司、富士山 Namaste!—インド：カレー、タージマハル Hola!—スペイン：パエリア、マドリード Ciao!—イタリア：パスタ、ローマ Annyeonghaseyo! 　　　　—韓国：キムチ、ミョンドン Privet!—ロシア：ピロシキ、クレムリン Swasdi!—タイ：トムヤンクン、プーケット Hello!—英語圏：マクドナルド、NY	○「こんにちは」ゲームの説明をする ○国旗の絵カードを示し各国の言語「こんにちは」の対応を促す ○それぞれの国の名所や食文化についてグループで考えるように促す ○例以外の国の食文化や名所について知っていることがあれば板書するように促す ☆グループ活動に参加しているか
3．Activity ②質問タイム 好きな国の国旗についてインターネットで国の成り立ちや由来等を調べてまとめる グループ内で質問し合う 　　Where do you want to go? 　　What do you want to see? 　　What do you want to eat? プレゼンテーションの雛型で練習する	○国旗について調べてまとめるように促す ○訪れたい国や好きな国旗について質問し合うように促す ○国旗が表す意味を質問する ○プレゼンテーションの雛型（🌱）を示し練習するよう促す ☆グループで練習しているか
4．学習のまとめ プレゼンテーションのワークシート（🌱）に国名等を書き入れる 自己評価（🍀）する ノートに国旗について考えたことを書く	○ワークシートでプレゼンテーションの雛型を仕上げるように告げる ○まとめの時間を充分確保し世界の国旗についての気付きをノートにまとめるように促す

5. 本時の評価

①内容：世界の国旗は国の成り立ちや由来を象徴していることを知り訪れたい場所や特徴的な食べ物を英語で伝えることができたか。
②言語：その国の訪れたい場所や食べたい物について英語で表現できたか。
③協学：ペアやグループで協力して Hello Game や「国旗調べ」ができたか。

♣自己評価例

「できたこと」2つの項目について自分に当てはまることに○をしよう。

年　　　組　　　氏名

レベル / できたこと	(!^^!)	(・・)	(> <)	(+ +)
国旗が国の成り立ちや由来を説明していることについて考えた	自分で良く考えて友達にも教えた	自分で良く考えた	友達と一緒に考えた	友達や先生に教えてもらって考えた
訪れたい場所や食べたい物について英語で表現できた	友達とのやり取りがスムーズにできた	友達とのやり取りを2、3回練習してできるようになった	友達とのやり取りを5、6回練習してできるようになった	友達とのやり取りを10回以上練習してできるようになった

❦プレゼンテーションの雛型　例：フランス

Hello, everyone!
I will talk about（France）.
They say hello（bonjour）.
This is the national flag.
The flag says（自由・平等・博愛）.
I want to see（the Eiffel Tower）／eat（macaroons）.
Thank you for listening.　　　　　　　　＊ワークシートは（　）を空白にしたもの

　プレゼンテーションの原稿（英語文）を「指さし」で読むと綴りの読み方が分かるようになります。雛型の原稿を模造紙に大きく書いて黒板に貼ります。読むところを指でなぞりながら児童と一緒に繰り返します。英語では about の t や flag の g、eat の t、listening の g 等最後の音はほとんど聞こえません。また、talk（トーク）about（アバウト）ですが、ネイティブが発音すると talk about（トーカバウ）と聞こえます。通常は発音されない語尾の子音字が次に続く語の語頭母音と結合して発音されることを liaison（リエゾン）といいます。

③ 私達の町探検・道案内・地図記号（3年）

☀ 記号はユニバーサル（世界共通） 英語で道案内！

　近年、絵文字・絵言葉と呼ばれるピクトグラム（pictogram）は意味することを記号や図で表すものとして広く使われています。言語が異なる多くの国の人が集まるイベントでは重要な役目をしています。既習の地図記号を活用して、言語を介さず意味を伝えることができる教材として、町探検や道案内の単元で是非取り上げてみたいものです。また、ALTや地域に住むネイティブの方にビジター役を頼み学習を進めるのも良いでしょう。

1. 指導計画（3時間）

	学習目標	言語材料
1時	町探検で訪れた学校の周りや地域の様子を思い出し建物や施設の英語表現を知り、自分達が暮らす地域の様子や人々の暮らし方について考え、町の特徴について感想を持つ	school, police station, koban, fire station, factory, shrine, temple, town hall, library, museum, post office, bank, hospital, rice field, orchard, forest, railway, railway station, road, bridge, harbor, airport, etc.
2時（本時）	白地図に地図記号を書き入れ、その地図を使ってビジターに学校の周囲を案内する英語表現を練習する	Go straight for（ two ）blocks. Turn right / left. Stop! You can see（交番）on your right / left.
3時	実際に道案内（ガイド）をするための事前練習を授業の中で行う 会話を始める時の挨拶の仕方やお礼をいわれた時の受け答えの仕方についてペアやグループ、全体で練習する	ガイド　：Hi, hello!　　　　　　　Where do you want to go? ビジター：A post office. ガイド　：OK, I will take you there. ビジター：Oh, thank you! ガイド　：My pleasure!

2. 本時の学習目標

①内容：学校の周囲にある建物や施設を白地図上に地図記号で書き込みビジターにそこまでの行き方を英語で説明する練習をする。

②言語：英語での道案内の仕方を練習する。

③協学：グループの友達と相談して白地図を完成させる。

3. 言語材料

・Go straight for (one / two / three) block(s).
・Turn right / left. Stop!
・You can see（交番）on your right / left.

4. 本時の流れ（3時間扱いの2時間目）

学習の流れと児童の活動	○指導者の支援　☆評価
1. Greeting ビジターに学校の周囲を説明し地図上で道案内するという学習であることを確認する 交番や花屋等はあったかを考える	○挨拶する　担任（CRT） ○「ある・なし」クイズについて説明する　建物や施設の絵カード（英語の文字入り）を使い、自分達の町にある物とない物に気付かせ、ある物は黒板の真ん中に、ない物は黒板の右側に寄せて貼る ○ Do we have a police station / flower shop in my town? 等と質問する ☆自分の町の施設について考えているか
2. Activity① 地図記号を使った白地図つくり 自分達の町にある物やない物を確認し自分達の町の特徴を考え、割り当てられた地域の白地図にグループで地図記号を書き入れる	○白地図つくりについて説明する 　作成する白地図は学校の東側・西側・南側・北側等、各グループに割り当てる 　例：1班は東側、2班は西側、3班は南側、 　　　4班は北側等 ☆白地図つくりに参加しているか
3. Activity② チャンツで道案内 「道案内」チャンツ（🌱） ビジター：Where is 交番？ 案内役　：Go straight two blocks. 　　　　　Turn right at the corner. 　　　　　You can see 交番 on the right/left. 白地図上でパペット（案内役）を使って練習する	○チャンツ練習の仕方を説明する 　1回目：一斉に 　2回目：役割別に（ビジター役と案内役） 　3回目：各グループ内のペアで ○各グループにパペットを用意し行き先を変えて練習するように促す ○チャンツを黒板に板書する ☆グループで協力して練習しているか
4. 学習のまとめ 「道案内」チャンツの英文をノートに書く 自己評価（♣）し道案内の練習について考えたことをノートに書く	○自己評価し気付いたことをノートにまとめるように促す ☆チャンツをノートに視写しているか ☆学習の振り返りをしているか

5. 本時の評価

①内容：学校の周囲にある建物や施設を白地図上に地図記号で書き込みビジターにそこまでの行き方を英語で説明する練習ができたか。

②言語：英語での道案内の仕方を練習することができたか。

③協学：グループの友達と相談して白地図を完成させることができたか。

♣自己評価例

「できたこと」2つの項目について自分に当てはまることに○をしよう。

年　　　組　　氏名

レベル できたこと	(!^^!)	(・・)	(> <)	(＋＋)
地図記号を使って白地図をつくることができた	自分で良く考えて友達にも教えた	自分で良く考えた	友達と一緒に考えた	友達や先生に教えてもらって考えた
英語で道案内の仕方を練習することができた	役割別やグループでスムーズに練習できた	2、3回練習してできるようになった	5、6回練習してできるようになった	10回以上練習してできるようになった

🌱Activity「道案内」チャンツ　4拍子で手拍子（♩）しながら練習しよう。

ビジター：Where is 交番？

案内役　：Go straight two blocks.
　　　　　Turn right at the corner.
　　　　　You can see 交番 on the right / left.

♩	♩	♩	♩
Where is	交番	♩	♩
Go	straight	two	blocks
Turn	right / left	at the	corner
You can see	交番	on the	right / left

④ ごみを分別しよう（4年）

☀ ゴミの絵カードを分別してみる

　ゴミ問題は身近な社会問題で「本物の教材」です。小学校学習指導要領（平成29年告示解説社会編）では、「人々の健康や生活環境を支える廃棄物を処理する事業は衛生的に処理する仕組みを持ち、私達の生活環境の維持と向上に役立っていることを学ぶこと」が学習内容となっていますが、直面するプラスチックゴミの問題やマイバック持参の社会の変化に伴い、もっと積極的に廃棄物について考え行動を起こす必要があります。机上の学習で終わらせず実際に体験できる授業を提供したいものです。また、英単語習得のひとつの方法として接頭語に着目した語彙の増やし方を学びます。

1．指導計画（3時間）

	学習目標	言語材料
1時	近年自治体で加速するゴミ処理問題を通して持続可能な社会の構築を目指し自分達にできることについて考えるSDGs（Sustainable Development Goals）についてクラスで理解し関連する英単語を知る	reduce（減らす）reuse（再利用する）recycle（リサイクル）refuse（ゴミになるものを断る）repair（直す）rental（借りる）return（回収する）recover（再生利用する）reform（つくり直す）
2時（本時）	ゴミには様々な種類があることを知り、分別する作業を通して実生活の中での実践のきっかけをつくる	burnable trash, non-burnable trash, recyclable trash, plastic bottles, tissue, steel-cans, newspapers, batteries
3時（休み時間・放課後）	ゴミの分別を推奨するポスターやパンフレットをグループでつくり、学校内の他学年のクラスに配布したり校内掲示板等に張ったり学校の職員にも知らせたりする	Hello! We studied about how to sort trash and made its poster. Please use it in the classroom. Thank you.

2．本時の学習目標

①内容：ゴミ処理について問題意識を持ちゴミの分別方法を知り分別する。
②言語：持続可能な社会構築のためのキーワード（reduce等）を知り接頭語（re-）や接尾語（-able）の意味を考える。
③協学：ゲームを通して仲間と協力してゴミの分別をする。

3. 言語材料

・burnable trash, non-burnable trash, recyclable trash
・plastic bottles, tissue, steal-cans, newspapers, batteries

4. 本時の流れ（3時間扱いの2時間目）

学習の流れと児童の活動	○指導者の支援　☆評価
1. Greeting どんなゴミがあるか話し合う 紙屑、ペットボトル、ビン、缶、家具等があり、分別して捨てることや収集日が決まっていること、収集車が来ること等を話し合う 白紙のカードにゴミを描く	○挨拶する　CRT ○収集車や収集日について尋ねる ○白紙のカードにゴミ（例：ペットボトル）を描くように促す ○同じグループ内で同じ絵にならないように話し合うように促す ☆分担して描いているか
2. Activity① ゴミの分別の仕方を知る ゴミの分別について自治体から配布されているゴミの分別方法を確認する ゴミに関する英語表現を知る 例：燃えるゴミ（burnable trash） 　　リサイクル（recycle） 　　プラスチック（plastic）等	○ゴミの分別方法について確認する ○自治体から示されている分け方について確認するように促す ○英単語付きの絵カードを示す ○音節に分けて発音練習させる 　burn-able 　re-cycle 　plas-tic ☆英単語に興味を示しているか
3. Activity② ゴミ箱の色を確認しカードに描かれたゴミを分別する 「ゴミの分別」チャンツ（🌱） This is a red box. It's for burnable trash. This is a green box. It's for plastics. It's recyclable. This is a blue box. It's for batteries. It's recyclable. 赤、緑、青以外の分別があることに気付く burn-able（燃やすことができる） re-cy-cla-ble（リサイクルできる）をノートに書き -re や -able に気付く	○燃えるゴミ（赤）、プラスチック等のリサイクル（緑）、電池等のリサイクル（青）のゴミ箱について説明し本時で示す色は便宜的であることを告げる ○チャンツ練習の仕方を説明する 　1回目：一斉に 　2回目：ペアで 　3回目：各グループ内で ○自分が描いたゴミのカードを色別のゴミ箱に入れるように指示する ☆分別が分からないゴミについて考えているか ○ -re や -able の意味に気付かせる ☆英語を視写しているか
4. 学習のまとめ 自己評価（♣）しノートにゴミの分別について考えたことを書く	○ゴミの絵カードをクラスで1枚の模造紙に分別して貼るように促す ○学習後の気付きをノートにまとめるように促す

5．本時の評価

①内容：ゴミ処理について問題意識を持ちゴミの分別方法を知り分別することができたか。
②言語：持続可能な社会構築のためのキーワード（reduce 等）を知り接頭語（re-）や接尾
語（-able）の意味を知ることができたか。
③協学：ゲームを通して仲間と協力してゴミの分別をすることができたか。

♣自己評価例

「できたこと」２つの項目について自分に当てはまることに○をしよう。

年　　　組　　　氏名

レベル／できたこと	(!^^!)	(・・)	(> <)	(＋＋)
ゴミの分別の必要性について考えた	自分で良く考えて友達にも教えた	自分で良く考えた	友達と一緒に考えた	友達や先生に教えてもらって考えた
英語でゴミの分別チャンツができた	ペアやグループでスムーズに練習できた	２、３回練習してできるようになった	５、６回練習してできるようになった	10回以上練習してできるようになった

♥Activity「ゴミの分別」チャンツ　４拍子で手拍子（♩）しながら練習しよう。

This is a red box.
It's for burnable trash.
This is a green box.
It's for plastics. It's recyclable.
This is a blue box.
It's for batteries. It's recyclable.

♩	♩	♩	♩
This	is a	red	box
It's	for	burnable	trash
This	is a	green	box
It's	for	plas-	tics

⑤ いろいろな職業（特別活動：３年）

☀ 将来なりたい自分を想像し夢や希望を持つ

　夢や希望は明日を生きていく原動力となります。児童が現在や将来に夢や希望を抱き、その実現を目指して物事に取り組むことは「今の自分」に価値や意味を見出すことに繋がります。小学校から特別活動でキャリア教育が設けられ「人間形成」「社会参画」「自己実現」の３つの観点で「なすことによって学ぶ」活動計画を立てることが求められています。第３時(特別活動)では、プレゼンテーションの経験をし自分の考えを表現するスキルを身に付けます。

1. 指導計画（3 時間）

	学習目標	言語材料
1 時	周囲の大人がどのような職業で社会を支えているかを調べ、将来なりたい自分を想像し社会的職業的自立について考える 職業の英語名を調べる	サラリーマン office worker プログラマー computer programmer カメラマン　cameraman 銀行員　bank clerk 美容院 hair dresser 等
2 時 （本時）	社会にはいろいろな職業があることを知り将来なりたい職業について考える 英語でゲームやチャンツをする	teacher, doctor, police man, fire-fighter, scientist, nurse What do you want to be? I want to be a (doctor).
3 時	特別活動：自分がなりたい職業について英語でプレゼンテーションをし友達がなりたい職業を知ることで友達理解に繋げる	Hello, everyone! I like (dogs). I want to be a (pet shop owner). Thank you.

2. 本時の学習目標

①内容：社会の中にはいろいろな職業の人がいることを知り将来なりたい職業について考える。

②言語：いろいろな職業の英語名の綴りや発音を知り自分がなりたい職業について英語で表現する。

③協学：ゲームを通して仲間と協力し助け合う。

3. 言語材料

・teacher, doctor, police man, fire-fighter, scientist, nurse
・What do you want to be? I want to be a~.

4. 本時の流れ（3 時間扱いの 2 時間目）

学習の流れと児童の活動	○指導者の支援　☆評価
1. Greeting 白衣を着る職業について推測する CRT が準備した絵カード例 　　teacher, doctor, police man, 　　fire-fighter, scientist, nurse 等 調べてきた職業を黒板にみんなで書き出しその詳細が分からない職業について質問する	○挨拶する　CRT は白衣を着て登場し 　Good morning! Who am I ? と質問する ○準備した職業絵カードを貼る ○事前に調べた職業を書き出すように促す ○絵カードを用意していない職業については 　板書する ☆ペアやグループで協力して黒板に書いているか
2. Activity ① Who am I ? ゲーム CRT のジェスチャーを見てその職業を答える 　グループで出題する人と答える人の役割や順番を決めてジェスチャーをする 出題者　：Who am I ? 答える人：barber, baseball player, 　　　　　ballerina, forecaster, singer 等	○黒板に書かれた中から職業を選びジェスチャーで出題する ○グループで Who am I ? ゲームをするように促す 　例：散髪屋さん、野球選手、バレリーナ、 　　　天気予報士、歌手等 ☆興味を持って集中して参加しているか
3. Activity ② なりたい職業を考える 「なりたい」チャンツ（🌱） Q: What do you want to be ? A: A doctor Q: What do you want to be ? A: A police man Q: What do you want to be ? A: A fire-fighter 自分がなりたい職業を考えその英語名を調べたり先生に尋ねたりする doctor や policeman を実際に自分がなりたい職業に置き換えてペアやグループで練習する 「なりたい職業」ワークシート（🌱）に記入する	○チャンツ練習の仕方を説明する 　1 回目：一斉に 　2 回目：ペアで 　3 回目：役割（Q and A）ごと ○個別指導　例 1 　Q: What do you want to be ? と尋ねる 　A: 花屋さん 　Q: You want to be a (flower shop owner) ! ○個別指導　例 2 　Q: What do you want to be ? と尋ねる 　A: パイロット 　Q: You want to be a（pilot）! ☆チャンツを練習しているか ○英単語の綴りや発音を教える ○ワークシートの記入の仕方を説明する
4. 学習のまとめ 自己評価（♣）する 学習の振り返りをノートに書く	○学習を振り返り気付いたことをノートにまとめるように促す ☆振り返りを書いているか

5. 本時の評価

①内容：社会の中にはいろいろな職業の人がいることを知り将来なりたい職業について考えたか。

②言語：いろいろな職業の英語名の綴りや発音を知り自分がなりたい職業について英語で表現できたか。

③協学：ゲームを通して仲間と協力し助け合ったか。

♣ 自己評価例

「できたこと」2つの項目について自分に当てはまることに○をしよう。

年　　　組　　　氏名

レベル／できたこと	(!^^!)	(・・)	(> <)	(＋＋)
なりたい職業についてよく考えた	自分で良く考えて友達にも教えた	自分で良く考えた	友達と一緒に考えた	友達や先生に教えてもらって考えた
英語で「なりたい」チャンツができた	ペアやグループでスムーズに練習できた	2、3回練習してできるようになった	5、6回練習してできるようになった	10回以上練習してできるようになった

🌱 Activity「なりたい」チャンツ　4拍子で手拍子（♩）しながら練習しよう。

♩	♩	♩	♩
What	do you	want to	he
A doctor	♩	♩	♩
What	do you	want to	be
A police	man	♩	♩

🌱「なりたい職業」ワークシート

年　　　組　　　氏名

Q: What do you want to be ?
A: I want to be a (　　　　　　　　　　　　　　　　　　　　　　　　　　　　）

どうしてその職業になりたいの？（日本語 OK）

⑥ 昆虫の成長過程（3年）

☀ 自ら問題を発見し解決する時間を授業の中で確保する

　身の回りの生物を探したり育てたりする中で生物の成長の過程を知り、その共通点や差異に気付き問題を見い出し解決する態度を養います。また、第3時では調べたことについて英語でクイズを出し「あてっこゲーム」をし学習の楽しさを味わいます。

1. 指導計画（3時間）

	学習目標	言語材料
1時 （本時）	昆虫の成長過程に着目して複数の種類の昆虫の成長過程を比較しながらさなぎになる昆虫とならない昆虫がいることを知る	butterfly, bee, beetle, mantis, dragonfly, locust, insect, egg, larva, pupa Which group？
2時	好きな昆虫を選んでその成長過程にさなぎの段階があるかどうかを調べる 幼虫の時には食べ物を食べて脱皮しさなぎの時には食べないことを知る	（昆虫の名前）has the pupal stage. The larva eats a lot. The pupa never eats.
3時	調べたことについて英語でクイズを出しクラスで「あてっこゲーム」をする 完全変態と不完全変態の昆虫について分かったことや気付いたこと、考えたことをまとめる	Hi, everyone！　Questions！ What's this？ This is（昆虫の名前）. （昆虫の名前）becomes a larva. （昆虫の名前）becomes a pupa. Which group？

2. 本時の学習目標

①内容：複数の種類の昆虫の成長過程を比較しさなぎになる昆虫とならない昆虫がいることを知り仲間分けをする。

②言語：昆虫の英語名や成長過程を示す英語名を知る。

③協学：完全変態・不完全変態の観点で昆虫の仲間分けを協力して行う。

3. 言語材料

・What's this ? It's ~.
・Which group ?
・butterfly, bee, beetle, mantis, dragonfly, locust, insect, egg, larva, pupa

4. 本時の流れ（3 時間扱いの 1 時間目）

学習の流れと児童の活動	○指導者の支援　☆評価
1. Greeting カードの昆虫と挨拶し、昆虫の英語名を知り興味を持つ	○昆虫のカードを持って挨拶する　CRT Hello, everyone! Who am I? Yes, I am チョウ，a butterfly
2. Activity ① 昆虫の仲間分けをしよう 昆虫カードを 2 つの種類に分ける どんな分け方があるか考え予想する 　例：A　空を飛ぶ昆虫 　　　B　飛ばない昆虫 　例：C　春によく見る昆虫 　　　D　秋によく見る昆虫　等 絵本を参考に再度仲間分けをする 成長過程の違いであることに気付く	○ 6 つの昆虫を示す butterfly（チョウ），bee（ハチ），beetle（カブト虫），mantis（カマキリ），dragonfly（トンボ），locust（バッタ）を 2 つの仲間に分けるように指示する ○何故、そのように分けたか説明を促す ○ヒントの絵本（The Very Hungry Caterpillar 成長過程のページ）を読み成長過程の順番を黒板にまとめる：egg（卵）→ larva（幼虫）→ pupa（さなぎ）→成虫
3. Activity ② さなぎになる昆虫は？ さなぎになる昆虫：チョウ、ハチ、カブト虫、トンボ さなぎにならない昆虫：カマキリ、バッタ 「昆虫の成長」チャンツ（🌱） T: What's this? C: Butterfly! T: egg, larva, pupa, and butterfly C: egg, larva, pupa, and butterfly T: What's this? C: Mantis! T: egg, larva, and mantis C: egg, larva, and mantis	○成長過程を絵カードで示す butterfly（チョウ）bee（ハチ） beetle（カブト虫）mantis（カマキリ） dragonfly（トンボ）locust（バッタ） ○ CRT（T）と児童（C）との練習後、グループごとに役割分担して練習するように促す ☆チャンツの仕方が分かっているか ☆さなぎになる昆虫、さなぎにならない昆虫の成長段階を英語でチャンツできているか ☆グループで協力しているか ☆リズムに乗っているか
4. 学習のまとめ 英単語 egg, larva, pupa, butterfly 等をノートに書く 自己評価（♣）し学習の振り返りを書く	○学習を振り返って気付いたことをノートにまとめるように促す ☆自己評価し振り返りをしているか

5．本時の評価

①内容：複数の種類の昆虫の成長過程を比較しさなぎになる昆虫とならない昆虫がいること
　　　　を知り仲間分けができたか。
②言語：昆虫の英語名や成長過程を示す英語名が分かったか。
③協学：昆虫の仲間分けを通してグループで協力し助け合ったか。

♣自己評価例

「できたこと」2 つの項目について自分に当てはまることに○をしよう。

年　　　組　　　氏名

レベル／できたこと	(!^^!)	（・・）	(＞ ＜)	(＋＋)
昆虫の成長について気付いたことや考えたことがあった	自分で良く考えて友達にも教えた	自分で良く考えた	友達と一緒に考えた	友達や先生に教えてもらって考えた
英語で「昆虫の成長」チャンツができた	グループ練習がスムーズにできた	グループで2、3回練習してできるようになった	グループで5、6回練習してできるようになった	グループで10回以上練習してできるようになった

✿ Activity「昆虫の成長」チャンツ　4 拍子で手拍子（♩）しながら練習しよう。

♩	♩	♩	♩
What's this	♩	Butterfly	♩
egg	larva	pupa and	butterfly
What's this	♩	Mantis	♩
egg	larva and	mantis	♩

⑦ 季節と生き物・冬眠（4年）

☀ 根拠のある仮説を立てる

　理科は「予想を立てる→実験する・調べる→結果を確認する→考察する→新たな疑問を持つ」という思考過程を訓練できる教科です。9歳から10歳の児童は既習の内容や生活経験をもとに「もし〜なら〜だろう」という、事実に反した出来事に対する仮説も立てることができるようになります。仮説を立て検証しながら内容を深める学習方法は学習スキルの習得に繋がります。また、導入における英語絵本の使用は学習内容の全体像を把握するのに役立ちます。

1. 指導計画（3時間）

	学習目標	言語材料
1時 （本時）	絵本 Over and Under the Snow の話を聞き動物には冬の間、地下で過ごす動物と地上で過ごす動物がいることを知る 季節や環境の変化によって動物の活動に違いがあることを知る	frog, beaver, bear, squirrel, fox, owl, bee What is（動物の名前）doing? （動物の名前）is sleeping. （動物の名前）is eating.
2時	クマは寒い季節には活動が鈍くなり冬眠するが最近町の中に出没するニュースからその原因について仮説を立て話し合う	I am a bear. I like nuts. There are no nuts. I need something to eat.
3時	調べ学習を発展学習として位置付け「冬眠する動物」について調べたことをポスター発表やプレゼンテーションでクラスに知らせる	例：蛇になって I am a snake. I sleep under the ground in winter. Any questions?

2. 本時の学習目標

①内容：動物には季節によって過ごし方の違いがあることや寒い季節には冬眠する動物がいることを知る。

②言語：動物の英語名を知り寒い季節の過ごし方について英語で表現する。

③協学：グループで協力してチャンツをする。

3. 言語材料

・frog, beaver, bear, squirrel, fox, owl, bee
・What is（動物の名前）doing?
・（動物の名前）is sleeping.（動物の名前）is eating.
・What's this?

4. 本時の流れ（3時間扱いの1時間目）

学習の流れと児童の活動	○指導者の支援　☆評価
1. Greeting Little snowflake の歌を You-tube で聞く （🌱） 冬に関する学習が始まることを予測する	○雪の結晶（snowflake）の絵カードを持って挨拶する　CRT Hello, everyone! Let's watch the video and listen to music, Little snowflake
2. Activity ① 絵本 Over and Under the Snow を聞く ・登場した動物の英語の名前 ・いた場所 ・していたこと を発表する 冬眠する動物について話し合う	○お話を読み聞かせる ○聞く時の観点を示す 　・どんな動物が登場したか 　・どこにいたか 　・何をしていたか ○土の上にいた動物と土の下にいた動物の絵カードを上下に分けて黒板に貼る ☆冬眠する動物に関心を持ったか
3. Activity ② 動物の英語名を練習する frog, beaver, bear, squirrel, fox, owl, bee の読み方を練習する 「動物は何をしてる？」チャンツ（🌱） Q: What's a bear doing? A: Sleeping! Q: What's a fox doing? A: Eating! 英語ノートにチャンツのフレーズを書く Sleep-ing / Eat-ing の ing に注意して英語ノートに書く	○英単語の読み方を示す ○チャンツ指導する 　動物の名前を変えて繰り返しチャンツ練習をするように促す 　Q（質問者）とA（答える人）に分かれペアやグループで練習するように促す ☆読み方を覚えたか ○大文字・小文字に注意しながら書くように促す ○ bear か fox どちらかを書くように指示し -ing に着目させる ☆ノートに書いているか
4. 学習のまとめ 自己評価（♣）し学習の振り返りをノートに書く	○気付いたことをノートにまとめるように促す ☆自己評価しているか

5. 本時の評価

①内容：動物には季節によって過ごし方の違いがあることや寒い季節には冬眠する動物がいることが分かったか。

②言語：動物の英語名が分かり寒い季節の動物の過ごし方について英語で表現できたか。

③協学：グループで協力してチャンツができたか。

♣自己評価例

「できたこと」2つの項目について自分に当てはまることに○をしよう。

年　　　組　　　氏名

レベル できたこと	(!^^!)	(・・)	(> <)	(+ +)
動物の冬眠について気付いたことや考えたことがあった	自分で良く考えて友達にも教えた	自分で良く考えた	友達と一緒に考えた	友達や先生に教えてもらって考えた
英語で「動物は何をしてる?」チャンツができた	ペアやグループでスムーズに練習できた	2、3回練習してできるようになった	5、6回練習してできるようになった	10回以上練習してできるようになった

✿Activity 「動物は何をしてる?」チャンツ　4拍子で手拍子（♩）しながら練習しよう。

♩	♩	♩	♩
What's	a bear	doing	♩
Sleeping	♩	♩	♩
What's	a fox	doing	♩
Eating	♩	♩	♩

✿ 英語の歌　Little snowflake　You-tube より

Snowflake, snowflake, little snowflake, little snowflake falling from the sky.
Falling, falling, falling, falling…
Falling on my head / nose. Falling in my hand.

⑧ 動物の誕生・哺乳類（5 年）

☀ 推測する→調べる→結果から考察する→友達とシェアする

　児童の興味を喚起するため導入で「推測する」活動として「分類ゲーム」を設定します。その次に「調べる」活動を経て「考察する」という思考の流れをつくります。既習の知識や生活経験をもとに解決できる仕掛けを提供することで、児童は分類・整理して解決する糸口を見つける経験をし論理的に思考する方法を学びます。

1. 指導計画（3 時間）

	学習目標	言語材料
1 時 （本時）	「分類ゲーム」で哺乳類と哺乳類でない動物に分けることを通して人間はどちらの仲間に属すかを考え哺乳類の特徴を知る	cheetah, sheep, deer, turtle, snake, frog humans, mammals Which group is the（動物の名前）in?
2 時	人は母体内で時間の経過とともに卵から胎児に成長することを知り胎児の成長の様子を調べる ・胎児の期間 ・成長の段階	理科用語 fertilized egg（受精卵） cell division（細胞分裂） ears, eyes, arms, legs, heart（心臓） umbilical cord（へその緒）
3 時	自然界にいる様々な生き物の存在を知り興味のある哺乳類について調べ分かったことを日本語や英語で絵や図等を使いポスター発表する	例：Koalas You can see Koalas in Australia. It takes 35 days from an egg to a baby. The baby is about two centimeters and stays in mother's pocket for six or seven months.

2. 木時の学習目標

①内容：哺乳類と哺乳類でない動物に分けることを通して人間はどちらの仲間に属すかを考え哺乳類の特徴を知る。
②言語：動物の英語名を知り綴りの中の -ee- の読み方を知る。
③協学：動物のグループ分けを仲間と協力して行う。

3. 言語材料

- cheetah, sheep, deer, turtle, snake, frog
- humans, mammals
- Which group is the（動物の名前）in?

4. 本時の流れ（3時間扱いの1時間目）

学習の流れと児童の活動	○指導者の支援　☆評価
1. Greeting 画面に出てきた動物と挨拶する Fine, thank you. Not good. I am hungry / tired / cold. 等 動物に関する内容に興味を持つ	○パソコン画面でチーター等の動物を登場させてそれらの動物が挨拶する Good morning ! How are you ? Do you know me ? Yes, I am CHEETAH. 等
2. Activity ① 分類ゲーム 友達と話し合いながら分類する 　cheetah, sheep, deer, 　turtle, snake, frog 例：四つ足の動物とそれ以外の動物 例：毛がある動物とない動物 例：卵で生まれる動物とそれ以外の動物 　　　等	○動物の絵カードを用意しどんな観点で分類するか考えるように促す ○それぞれの日本語名を知らせる 　チーター、羊、鹿、 　カメ、ヘビ、カエル ○綴りの中の -ee- の読み方を知らせる ○分類の仕方について説明するように促す ☆相談しながら分類しているか
3. Activity ② 人間はどっち？ 人間は親と同じ形で生まれ出てくるのでcheetah, sheep, deer と同じであり、これらを「哺乳類（mammals）」ということを知る 「哺乳類」チャンツ（🌱） 　　A: Sheep and deer ! 　　　Which group are they in ? 　　B: Mammals ! 　　C: Snake and frog ! 　　　Which group are they in ? 　　D: Not mammals ! cheetah, sheep, deer, turtle, snake, frog の中から気に入った英単語をノートに書く	○人間はどちらに分類されるか考えるよう促す ○ペアやグループでも相談するように促す ○それぞれの動物の生まれたばかりの様子を写真や映像で示し人間は哺乳類であることを知らせる ○指さしで読みを指導する ○一斉にチャンツ指導をする ○動物の名前を変えてペアやグループで繰り返しチャンツ練習をするように促す ☆協力して練習しているか ☆リズムに乗っているか ○綴りの中の -ee- の読み方を復習するように促す ☆英単語を正確に書いているか
4. 学習のまとめ 自己評価（♣）する 学習の振り返りをノートに書く	○自己評価の記入を促す ☆人間は哺乳類の仲間であることについて気付いたことをノートにまとめているか

5．本時の評価

①内容：哺乳類と哺乳類でない動物に分けることを通して人間はどちらの仲間に属すかを考え哺乳類の特徴が分かったか。

②言語：動物の英語名を知り綴りの中の -ee- の読み方ができたか。

③協学：動物のグループ分けを仲間と協力してできたか。

♣自己評価例

「できたこと」2つの項目について自分に当てはまることに○をしよう。

年　　　組　　　氏名

レベル できたこと	(!^^!)	(・・)	(> <)	(+ +)
哺乳類について気付いたことや考えたことがあった	自分で良く考えて友達にも教えた	自分で良く考えた	友達と一緒に考えた	友達や先生に教えてもらって考えた
英語で「哺乳類」チャンツができた	ペアやグループでスムーズに練習できた	2、3回練習してできるようになった	5、6回練習してできるようになった	10回以上練習してできるようになった

🌱Activity「哺乳類」チャンツ　4拍子で手拍子（♩）しながら練習しよう。

♩	♩	♩	♩
Sheep and	deer	♩	♩
Which	group	are they	in
Mammals	♩	♩	♩

⑨ 小麦の成長（総合的な学習の時間：5年）

☀ 継続的な学習をスタートさせる第一歩に英語絵本を活用する

　長丁場の学習を継続させるためには、まず導入において児童の心に「やってみたい」という火をつけることです。そうすることで約半年にわたる小麦つくりを誰かに任せるのではなく自らの学習として意識できます。読み聞かせる英語絵本は小麦つくりの行程が明確で「協力すること」の大切さがテーマです。本単元にぴったりの教材といえます。また、実際にパンをつくるというゴールを設定することで目標が明確になり持続的な取り組みが可能になります。

1. 指導計画（12時間）

	学習目標	言語材料
1時 （本時）	国語：英語絵本 The Little Red Hen を聞いて内容を理解し小麦の成長についての大体を知り共同作業の大切さについて考え、パンつくりの楽しみについて思いをはせる	I planted the wheat. I tended the wheat. I cut the wheat. I took the wheat. seed, sprout, wheat, flour
2時〜 10時	理科：観察と記録 小麦の育ち方には一定の順序がありその体は根、茎及び葉からできていることを観察し記録する 他の植物と比べて、色、形、大きさ等違いがあることを知る	seed（種）sprout（新芽）wheat（小麦）flour（小麦粉）chaff（もみ殻）ear（穂）beard（のぎ）bran（ふすま）等
11時〜 12時	家庭：育てた小麦からできた小麦粉を使ってパンをつくりみんなで味わう 総合的な学習の時間：体験を振り返り協力の喜びを味わう	Put some flour into the bowl. Mix flour and egg. baking powder, sugar, milk, vanilla, wheat

2. 本時の学習目標

①内容：英語絵本 The Little Red Hen を聞いて内容を理解し小麦の成長について大体を知り共同作業の大切さを考える。

②言語：絵本で使われている英単語やフレーズの意味が分かる。

③協学：絵本の内容について話し合い協力してチャンツをする。

3. 言語材料

・I planted the wheat.
・I tended the wheat.
・I cut the wheat.
・I took the wheat.
・seed, sprout, wheat, flour

新島先生

Repeat after me.
I planted the wheat.

I planted
the wheat.

葉子

Repeat after me.
I tended the wheat.

I tended the
wheat.

Repeat after me.
I cut the wheat.

I cut the
wheat.

4. 本時の流れ（12 時間扱いの 1 時間目）

学習の流れと児童の活動	○指導者の支援　☆評価
1. Greeting 登場人物と挨拶をする 　I am fine / good / hungry / sleepy. 絵本の内容に興味を持つ 犬や猫が登場する話であると推測する	○絵本に出てくる登場人物の絵カードを持って挨拶する　CRT Hello, everyone! I am DOG.　I am CAT.　I am MOUSE. I am RED HEN.　How are you? Good! ☆興味を示しているか
2. Activity ① 絵本 The Little Red Hen を聞く RED HEN がしたことを考える DOG、CAT、MOUSE の気持ちを考える 内容についてペアで話し合う 感想を発表する	○読み聞かせをする前に話を聞く時の観点を示す 　・RED HEN がしたことは何か 　・DOG, CAT, MOUSE の気持ちを考える 　・RED HEN の気持ちを考える ○内容を確認する ☆感想を持ち話し合っているか
3. Activity ② 小麦の成長に関する英単語を練習する planted（植えた）tend（世話した）cut（刈り込んだ）took（収穫した） 読み方や意味を知る 「小麦」チャンツ（🌱） I planted the wheat. I tended the wheat. I cut the wheat. I took the wheat. 動作をしながらチャンツをする 英語ノートに「小麦」チャンツを視写する	○英単語やフレーズの読みを指導する ○英単語やフレーズの意味を考えるように促す ○ジェスチャーを考えるように促す ○ジェスチャーを付けて繰り返しチャンツ練習をするように促す ☆ペアやグループで協力しているか ☆動作を付けて練習しているか ○大文字・小文字やピリオドに気を付けながら英語ノートに書くように促す ☆丁寧に書いているか
4. 学習のまとめ 　自己評価（♣）に記入する 　小麦を育てる心構えについて書く	○これから小麦を育てる心構えについてノートに書くように促す ☆心構えを書いているか

5. 本時の評価

①内容：英語絵本 The Little Red Hen を聞いて内容を理解し小麦の成長について大体が分かったか。

②言語：絵本で使われている英単語やフレーズの意味が分かったか。

③協学：絵本の内容について話し合い協力してチャンツができたか。

♣自己評価例

「できたこと」2つの項目について自分に当てはまることに○をしよう。

年　　　組　　氏名

レベル / できたこと	(!^^!)	(・・)	(> <)	(+ +)
絵本の内容について気付いたことや考えたことがあった	自分で良く考えて友達にも教えた	自分で良く考えた	友達と一緒に考えた	友達や先生に教えてもらって考えた
英語で「小麦」チャンツができた	ペアやグループでスムーズに練習できた	2、3回練習してできるようになった	5、6回練習してできるようになった	10回以上練習してできるようになった

🌱Activity「小麦」チャンツ　4拍子で手拍子（♩）しながら練習しよう。

♩	♩	♩	♩
I	planted　the	wheat	♩
I	tended　the	wheat	♩
I	cut　the	wheat	♩
I	took　the	wheat	♩

⑩ 風の動き（3年）

☀ 試行錯誤しながら物をつくり実験をして確かめる

　理科は実際に自分で道具をつくり、つくった道具を使って実験をして確かめます。風で飛ぶビニール風船をつくったり磁石を使ったおもちゃをつくったりと図工との連携が欠かせない科目です。自作の教材は市販の教材に比べると壊れやすく、時には部品を失くしてしまうこともあります。その都度児童は工夫してつくり直し試行錯誤を重ねます。

　また、単元全体の学習目標を推測できるように導入で英語絵本を活用します。いろいろな物が風に飛ばされる状況が想像でき学習を楽しく始めることができます。

1. 指導計画（5時間）

	学習目標	言語材料
1時（本時）	国語：英語絵本 The Wind Blew を聞いて内容を理解しユーモアある表現を知るとともに風の力について感想を持つ チャンツで英語のリズムを習得する	The wind blew. The wind took / snatched~. umbrella, balloon, hat, kite, shirt, hanky, wig, letter, flag, scarves, newspaper
2時〜4時	図工：風で動くおもちゃつくり 理科：風の強さや方向、飛ばされる物の違いによって、飛ばされ方が異なることを確かめ、何故違った動きになるのかを考えながらおもちゃつくりをする	windmill（風車）turn round（回る） fast / rapid / quick（速く） slow（ゆっくり）strong（強い） week（弱い）move（動く）
5時	実験の方法、仮説と結果を絵や文にまとめ発表する	このような「条件」ではその条件に最も合った動きをすることが分かった

2. 本時の学習目標

①内容：英語絵本のお話を聞いて内容を理解し風の力について興味を持つ。
②言語：絵本で使われている英単語や英文の意味が分かる。
③協学：内容について友達と話し合い協力してチャンツができる。

3. 言語材料

- The wind blew.
- The wind took / snatched ~.
- umbrella, balloon, hat, kite, shirt, hanky, wig, letter, flag, scarves, newspaper

旗本先生

The wind took an umbrella.

The wind took an umbrella.

The wind snatched a balloon.

風太郎

The wind snatched a balloon.

The wind took a hat.

The wind took a hat.

4. 本時の流れ（5 時間扱いの 1 時間目）

学習の流れと児童の活動	○指導者の支援　☆評価
1. Greeting 風船、帽子、ハンカチ等を見て何が始まるのか予想を立てる ・今日の勉強は面白そうだな ・先生がマジックをするのかな ・あの帽子はテレビで見たことがある	○絵本に出てくる風船、帽子、ハンカチ（実物）等を持って挨拶する　CRT Hello, everyone ! How are you? Good ! Do you know what it is ? Yes, this is a balloon / hat / hancky　etc. ☆興味を示しているか
2. Activity ① 絵本 The Wind Blew を聞く 表紙の絵から「風」についての内容であることを予想する いたずらな風についてペアで話し合い感想を発表する	○絵本のお話を聞く時の観点を示し読み聞かせをする 　・表紙の絵を見て内容を予想する 　・風がしたことを考える 　・お話の感想を持つ ○感想を尋ねる ☆自分の意見を持ち話し合っているか
3. Activity ② 絵本の英単語を練習する 「風」チャンツ（🌱） The wind took an umbrella. The wind snatched a balloon. The wind took a hat. 読み方を知る 一斉で練習する ペアやグループで練習する チャンツの英文をノートに書く	○英単語や文の読み方を指導する ○黒板のチャンツを指さしでなぞりながら読む ○拍子を取ってチャンツをする ☆リズムに乗っているか ○ペアやグループで繰り返しチャンツ練習をするように促す ○英語ノートに大文字・小文字やピリオドに気を付けながら書くように促す ○机間指導する ☆丁寧に書いているか
4. 学習のまとめ 自己評価（♣）し振り返りをノートに書く 風の力について自分の考えをまとめる	○絵本の内容についての感想を書くように促す ☆自分の考えを書いているか ☆自己評価しているか

5. 本時の評価

①内容：英語絵本のお話を聞いて内容を理解し風の力について興味を持ったか。
②言語：絵本で使われている英単語や英文の意味が分かったか。
③協学：内容について友達と話し合い協力してチャンツができたか。

♣自己評価例

「できたこと」2つの項目について自分に当てはまることに○をしよう。

年　　　組　　氏名

できたこと ＼ レベル	(!^^!)	（・・）	(> <)	(＋＋)
絵本の内容について気付いたことや考えたことがあった	自分で良く考えて友達にも教えた	自分で良く考えた	友達と一緒に考えた	友達や先生に教えてもらって考えた
英語で「風」チャンツができた	ペアやグループでスムーズに練習できた	2、3回練習してできるようになった	5、6回練習してできるようになった	10回以上練習してできるようになった

🌱 Activity「風」チャンツ　4拍子で手拍子（♩）しながら練習しよう。

♩	♩	♩	♩
The wind	took　　an	umbre-	lla
The wind	snatched　a	balloon	♩
The wind	took　　a	hat	♩

⑪ フルーツを使って足し算をしよう（1年）

☀ 「考える」場面を用意する

　「考えさせる授業」では児童の不思議を引き出し推測したり予想したりする時間を確保することが大切です。ほとんどの1年生は1から10までの数をいうことができます。1＋1＝2（いちたすいちは、に）もいえます。具体物を使って数えるという活動も1から5くらいまでは1対1対応で数えられます。しかし、数の意味や概念は分かっていません。足し算で「数と数を合わせる」という以前に、3が1と2で構成されていることや、3が2と1に分けられることを体験して数の概念を習得する必要があります。絵カードを使った足し算ゲームで具体物を使って繰り返し操作することで数の意味や構成概念が分かってきます。1年生は具体物を操作することで「思考」を深めていくのです。

1. 指導計画（3時間）

	学習目標	言語材料
1時	フルーツの具体物を使って one, two, three, four, five, six, seven, eight, nine, ten の数の概念を理解し数字と具体物との対応をする	apples, oranges, grapes, strawberries lemons, pineapples, one, two, three, four, five, six, seven, eight, nine, ten one apple / two apples
2時 (本時)	フルーツの具体物を使って one, two, three, four, five, six, seven, eight, nine, ten の数の概念を理解し数の足し算をする How many ~ do you have? の意味が分かり足し算ゲームをする	How many (apples) do you have? one, two, three, four, five, six, seven, eight, nine, ten
3時	加法の場面の文章問題を式で表現する 例：式1＋2＝3　答え3こ	I have one apple and two oranges, how many fruits do I have? two fruits ~ ten fruits

2. 本時の学習目標

①内容：1位数＋1位数で繰り上がりのない足し算をする。
②言語：How many の意味が分かり1から10を英語（one ~ ten）で練習する。
③協学：グループで協力して足し算ゲームをする。

3. 言語材料

・How many (apples / oranges /grapes /strawberries / lemons / pineapples) do you have ?
・one, two, three, four, five, six, seven, eight, nine, ten

4. 本時の流れ（3 時間扱いの 2 時間目）

学習の流れと児童の活動	○指導者の支援　☆評価
1. Greeting リンゴと一緒に今日の天気や曜日を答える リンゴを使った学習が始まることを推測する	○リンゴ（実物）を使って挨拶する 　CRT：How is the weather today? 　リンゴ：It's sunny. 　CRT：What day is it today? 　リンゴ：It's Monday.
2. Review & Practice 果物の英語名（既習では複数形）を思い出し CRT の後についてチャンツ練習する 　apples, oranges, grapes, strawberries 　lemons, pineapples 英語で 1 から 10 を練習する	○既習事項を思い出させる ○英語の文字付き絵カード（単数の絵）を見せる 　What's this? 　That's right. It's an apple / an orange. 　Good job！ Well done！ ☆英語で練習しているか
3. Activity ① カードつくり 「足し算ゲーム」に使うカードにリンゴの絵（1 から 5 の数）を描く はなえとりなの絵カードを参考にする 「足し算ゲーム」チャンツ（🌱）を練習する 　Taro: How many apples do you have? 　Hanae: Two apples. 　Taro: How many apples do you have? 　Rina: Three apples. 　Taro: Oh, the total is five apples.	○足し算カードつくりの説明をする ○白紙の画用紙を 1 人 1 枚配布し 1 から 5 までの数でリンゴを描くように指示する ○1 人 1 枚カードに絵を描くことを告げる ○チャンツ練習の仕方を説明する 　1 回目：CRT（見本）と児童 　　CRT の後に続いて児童は同じフレーズを繰り返す 　2 回目：全体で役割を決めて練習する 　3 回目：3 人一組で練習する ☆グループで協力しているか
3. Activity ② みんなで足し算ゲーム 自分が描いた絵カードを同時に見せ合い足し算をする	○足し算ゲームの見本を示す ○3 人グループを自由につくりクラスのみんなとやり取りするように告げる ☆3 人一組がつくれているか
4. 学習のまとめ 足し算の仕方について自分の考えをノートにまとめ自己評価（♣）する	○1 から 10 の数の概念について定着したかを確認する ○良く考えていた場面、努力していた場面、協力していた場面をほめる ☆自分の考えをまとめているか

5. 本時の評価

①内容：1位数＋1位数で繰り上がりのない足し算ができたか。
②言語：How many の意味が分かり1から10を英語（one ～ ten）で練習したか。
③協学：グループで協力して足し算ゲームができたか。

♣自己評価例

「できたこと」3つの項目について自分に当てはまることに○をしよう。

年　　　組　　　氏名

レベル / できたこと	(!^^!)	(・・)	(> <)	(＋＋)
たしざんカードをつくる	ひとりでつくりともだちにもおしえた	ひとりでつくった	ともだちにヒントをもらってつくった	せんせいにおしえてもらってつくった
1～10をえいごでいえた	1～10　ぜんぶ、えいごでいえた	5ついえた	3ついえた	ひとついえた
たしざんゲームができた	ともだちにやりかたをおしえてあげた	ともだちにヒントをあげた	ともだちにヒントをもらってこたえがわかった	ともだちにおしえてもらってわかった

　この自己評価を授業中に1人に1枚ずつ配布して○で囲ませるには時間がかかるので、指導者が表の項目を読みあげて自分に当てはまるものに挙手をさせるようにすると、クラス全体の学習理解度をおおよそ把握できます。

♈ Activity「足し算ゲーム」チャンツ　4拍子で手拍子（♩）しながら練習しよう。

♩	♩	♩	♩
How many	apples	do you	have
Two	apples	♩	♩
How many	apples	do you	have
Three	apples	♩	♩
Oh,	the total's	five	apples

⑫ 繰り上がりのある足し算をしよう（1 年）

☀ 単純な「繰り返し」練習を英語で楽しく

「繰り返し」の計算ドリルを英語のチャンツでやってみましょう。授業は「考える場面」と同時に計算ドリル等の「訓練の場」も必要です。ドリルは一人で黙々とノートに式と答えを書くのが一般的ですが、ノートや鉛筆を使わず数字を「5 といくつ」に分解してチャンツのリズムに乗って友達と一緒に暗唱してみるのも面白いです。

1. 指導計画（3 時間）

	学習目標	言語材料
1 時	おはじき等の具体物を使って six, seven, eight, nine, ten の数を「5 といくつ」に分け数の分配についての概念を理解する	Six is five and how many? Seven is five and how many? Eight is five and how many? Nine is five and how many?
2 時 （本時）	おはじき等の具体物を操作しながら数の分解・合成の概念を理解し、1 位数＋1 位数で繰り上がりのある足し算の仕方を考え練習する	six and seven=5 and 1 and 5and 2 eleven, twelve, thirteen, fourteen, fifteen, sixteen, seventeen, eighteen, nineteen That's right! Well done! Good job!
3 時	加法の問題を式で表現する 例：6 + 7 = 13 考え方の例：5 + 1 + 5 + 2	I have six red pens and seven blue pens, how many pens do I have? Six and seven equals thirteen.

2. 本時の学習目標

①内容：1 位数＋1 位数で繰り上がりのある足し算の仕方を考える。
②言語：six, seven, eight, nine, ten の数を英語で「5 といくつ」と表現する。
③協学：ペアやグループで協力して計算問題に取り組む。

3. 言語材料

・Six and seven, how many ?
・Five and one and five and two, so 13.
・eleven, twelve, thirteen, fourteen, fifteen, sixteen, seventeen, eighteen, nineteen
・That's right! Well done! Good job !

4. 本時の流れ（3 時間扱いの 2 時間目）

学習の流れと児童の活動	○指導者の支援　☆評価
1. Greeting 5 つのリボン、5 つの時計、5 つのスプーン等の絵を見て「5 のかたまり」を思い出し 魔法の数字 5 で勉強することを確認する	○絵カードを持って挨拶する　CRT How are you ? How many ribbons / clocks / spoons ? Yes, five ! Five is a magic number !
2. Activity ①「5 のかたまり」の復習 「5 といくつ」チャンツ（🌱） 　Six is five and one. 　Seven is five and two. 　Eight is five and three. 　Nine is five and four.	○既習事項をチャンツで練習するよう促す ○5 のかたまりといくつで表されている絵カード（リボン、時計、スプーン）を用意する ○褒める言葉 Good job !　Well done ! 等を使う ☆チャンツができているか
3. Activity ②足し算の問題つくり 例：6 ＋ 7 ①カードに問題つくりをする ②グループ内で交換したカードの 1 枚目の問題について絵や計算方法をノートに書く ③黒板に貼られた問題について計算方法をノートに書く 　例 6 ＋ 7 は 5 ＋ 1 と 5 ＋ 2 だから 13	○足し算の問題つくりの説明をする ○白紙のカードを配布し問題つくりをするように促す（1 人 2 枚） ○1 枚目はグループごとに交換し 2 枚目は黒板に貼り 1 枚目の回答を自分のノートに書き終えた人のための問題にすることを告げる ☆計算の仕方を考えているか
3. Activity ③足し算をしよう 11 から 19 を英語で練習する eleven, twelve, thirteen, fourteen, fifteen, sixteen, seventeen, eighteen, nineteen 「足し算」チャンツ 　T：Six and seven ? 　C：Five and one and five and two. 　T：That's right ! 　C：13（日本語で） 　T：Well done, thirteen !	○11 から 19 の英語表現を教える ○「足し算」チャンツの見本を示す 　1 回目は先生（T）と児童（C）で掛け合い、2 回目はグループ内で問題を出す人と答える人の役を決めて行うように指示し 3 回目はペアで行うように促す ○出題者は正解をほめるように指示し、間違った時は修正してあげるよう促す Good job, Well done, Excellent, Very good, That's right 等 ☆チャンツで練習しているか
4. 学習のまとめ 足し算の仕方について自分の考えをノートにまとめ自己評価（♣）する	○良く考えていた場面、努力していた場面、協力していた場面をほめる ☆自分の考えを書いているか

5. 本時の評価

①内容：1 位数＋1 位数で繰り上がりのある足し算の仕方を考えたか。
②言語：six, seven, eight, nine, ten の数を英語で「5 といくつ」と表現できたか。
③協学：ペアやグループで協力して計算問題に取り組んだか。

♣自己評価例

「できたこと」2 つについてじぶんにあてはまることに○をしよう。

年　　　組　　　氏名

レベル / できたこと	(!^^!)	（・・）	(> <)	(＋＋)
たしざんのしかたがわかった	ひとりでよくかんがえてともだちにもおしえた	ひとりでよくかんがえた	ともだちにヒントをもらってかんがえた	せんせいにおしえてもらった
「5 といくつ」をえいごでいえた	ぜんぶ、えいごでいえた	はんぶん、いえた	3 ついえた	ひとついえた

🌱 Activity 「5 といくつ」チャンツ　4 拍子で手拍子（♩）しながら練習しよう。

♩	♩	♩	♩
Six	is	five and	one
Seven	is	five and	two
Eight	is	five and	three
Nine	is	five and	four

備考：

　6 ＋ 7 は 5 ＋ 1 ＋ 5 ＋ 2 とするのはひとつの考え方であって、6 ＋ 7 の計算方法は様々あります。例えば、10 のかたまりに着目して、6 に 7 の中の 4 をあげて 10、7 から 4 あげたので 7 は残り 3 になるから、10 と 3 で 13 という方法です。つまり、6 ＋ 7 は 7 を分解して 6 ＋ 4 ＋ 3 と考え 6 ＋ 4 で 10 の塊をつくり 13 を導き出します。他にも、6 ＋ 7 は 6 を分解して 3 ＋ 3 ＋ 7 と考えます。算数の授業の中でいろいろな計算方法を考えさせ、最終的には「10 のまとまりにする良さ」を児童が気付くようにしていくことが大切です。

⑬ オリジナル図形をつくろう（図工：2年）

☀ 英語でオリジナル作品を発表する

　1年生では、積み木や折り紙等の具体物を操作し経験を通して図形を理解しました。2年生ではそれぞれの図形を構成する要素（辺の数や頂点の数）に着目し特徴を踏まえて分別できる経験をします。英語では「形（かたち）」の学習が低学年で広く行われており、square（しかく）rectangle（ながしかく）triangle（さんかく）circle（まる）oval（たまごがた）diamond（ひしがた）等の言葉は知っていますがそれぞれの正確な図形の定義は知りません。1年生では「triangle（さんかく）」は何となくこういう形だ」というあいまいな認識ですが、2年生ではそれぞれの図形の特徴を学習することで比較したり分類したり統合したりして根拠を示すことができるようになります。

1. 指導計画（5時間）

	学習目標	言語材料
1時～ 3時	三角形や四角形の定義を知る 教室にある「直角」を探したり折り紙で「直角」をつくったりする 図形を構成する要素（辺、頂点、面、直角）について理解を深める	三角形（triangle） 正三角形（equilateral triangle） 直角三角形（right-angled triangle） 正方形（square）長方形（rectangle） 直角（right angle） 直線（straight line）頂点（vertex） 辺（side）　面（surface）
4時	図工：方眼紙を使って、三角形、正方形、長方形、直角三角形等を組み合わせて好きな図形を描く	方眼紙（squared paper） 鉛筆（pencil）消しゴム（eraser） 定規（ruler）色鉛筆（colored pencil）
5時 （本時）	算数で学習した図形を組み合わせてつくったオリジナル作品について英語名を使って説明する 様々な形を組み合わせた友達の作品を鑑賞する	This is a robot / train / house. This is a square / triangle. Here is a right angle.

2. 本時の学習目標

①内容：三角形や長方形等の図形を組み合わせたオリジナル作品を発表する。
②言語：英語で triangle, square, rectangle 等の言葉を使ってオリジナル作品を説明する。
③協学：友達の作品を鑑賞し認め合い様々な工夫があることを知る。

3. 言語材料

・This is a robot / train / house.
・This is a square / triangle.
・Here is a right angle.

絵里

Please show us your work.

This is a robot.
This is a triangle. It's a head.
One, two, three !
This is a square. It's a body.
One, two, three, four !

星

What's this?

空

This is a
pocket.

Thank you !
Good job !

4. 本時の流れ（5 時間扱いの 5 時間目）

学習の流れと児童の活動	○指導者の支援　☆評価
1. Greeting 　オリジナル図形の発表会であることを 　予測する	○形の絵カードを持って挨拶する　CRT 　I am TRIANGLE / SQUARE /RECTANGLE 　How are you? 　You are good!
2. Activity ① 発表会の流れを知る 　「形」チャンツ（🌱） 　発表の仕方をチャンツで練習する 　This is a triangle. 　One, two, three !（角を差しながら） 　One, two, three !（辺を差しながら） 　This is a square. 　One, two, three, four !（角を差しながら） 　One, two, three, four !（辺を差しながら）	○今日は作品の発表会であることを告げる ○発表の仕方を説明する 　①始めにグループ内で発表する 　②次にグループの代表作品を決める 　③各代表作品についてクラス全員で聞く 　④感想をノートにまとめる ○英語での発表の仕方をチャンツで練習するように促す ☆チャンツができているか
3. Activity ② グループ内発表 　順番を決めて発表する 　グループの代表作品と発表者を決める	○グループでの練習について手順を説明する 　①司会者を決める 　②発表の順番を決める 　③質問を受ける ☆グループで協力しているか
3. Activity ③ 全体発表 　友達の発表についてメモ（🌱）を取る 　挙手して「一言感想」を発表する	○全体での発表を聞く時の注意事項を示す ○実物投影機の使い方を説明する ○誰がどんな図形をつくったかメモを取りながら聞くことを指示する ○感想は挙手して発表するように告げる ☆メモしながら聞いているか
4. 学習のまとめ 　自分の作品について工夫したことを 　ノートにまとめ、友達の作品について 　感想を持つ	○図形の学習で工夫したことや友達の発表についての感想を書くように促す ○発表メモを回収する ☆工夫したことをまとめているか

5．本時の評価

①内容：三角形や長方形等の図形を組み合わせたオリジナル作品を発表できたか。
②言語：英語で triangle, square, rectangle 等の言葉を使ってオリジナル作品を説明できたか。
③協学：友達の作品を鑑賞し認め合い様々な工夫があることが分かったか。

🌱 Activity「形」チャンツ　4拍子で手拍子（♩）しながら練習しよう。

♩	♩	♩	♩
This	is a	tri-	angle
One	two	three	♩
This	is a	square	♩
One	two	three	four

🌱 発表メモ例

作品をつくった人の名前	作品名	友達に一言
まきおさん	長方形ロボット	三角のかおがおもしろいね
あきこさん	正方形れいぞうこ	とびらが3つもあるの、すごい
れんさん	三角そうじき	へやのかどはそうじしにくいね
しゅんすけさん	直角ほうき	高いところでもそうじできるね

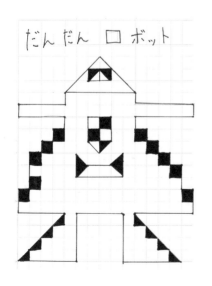

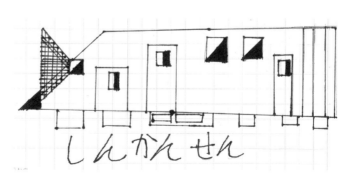

⑭ 電車やバスの時刻表を読もう（2年）

☀ 1日は24時間　1時間は60分

　1年生では、日常生活と関連付けて時刻を読み、時刻の見通しを持って行動し生活の予定を考え時間を守って楽しく生活することを学習しました。短針や長針の役割や何時何分について考え「そろそろ9時」や「8時は過ぎた」等が分かるようになりました。

　2年生では、日常で実際に使われているバスや電車の時刻表を参考に「午前や午後」の意味を知りオリジナル時刻表をつくることを通して日本語や英語での時刻の表し方を練習します。

1. 指導計画（3時間）

	学習目標	言語材料
1時	短針が1回転するのに要する時間は12時間で1日は24時間であることを図や時計の模型で理解する 昼過ぎ、昼前の経験をもとに午前と午後は12時間ずつであることを知る	From one to twenty-four One day = twenty-four hours A half day = twelve hours in the morning, at noon, before noon, in the afternoon, in the evening, at night
2時	長針が1回転する間の短針の動きから1時間は60分であることを理解する。	the short / hour hand, the long / minute hand ten, twenty, thirty, forty, fifty, sixty
3時 （本時）	調べてきた電車やバスの時刻表をもとに午後のいい方（例：午後1時は13時）を練習し協力してオリジナル時刻表をつくる	例：The train / bus schedule for Tokyo thirteen thirteen（13：13） fifteen fifteen（15：15） twenty twenty（20：20）等

2. 本時の学習目標

①内容：1日24時間を単位とした「午後」の表し方を知り電車やバスの時刻表を読みオリジナル時刻表をつくる。

②言語：1から24までの数字を使って午後の時刻を英語で練習する。

③協学：グループで協力してオリジナル時刻表をつくり発表する。

3. 言語材料

・What's schedule?
・The bus / train schedule
・What time is it ?

時雄

What's schedule ?

The bus
schedule !

今日子

What time is it ?

14:14
Fourteen fourteen !

4. 本時の流れ（3時間扱いの3時間目）

学習の流れと児童の活動	○指導者の支援　☆評価
1. Greeting Good morning! 時刻表に関する学習であることを予測する	○時刻表を持って挨拶する　CRT Good morning! This is a train schedule of the Yamanote-line. Do you know it? The train runs a lot in a day.
2. Activity ① 1から24までの英語を思い出し友達とチャンツをする（復習） one, two, three, four, five, six, seven, eight, nine, ten, eleven, twelve, thirteen, fourteen, fifteen, sixteen, seventeen, eighteen, nineteen, twenty, twenty one, twenty two, twenty three, twenty four	○電車やバスの時刻表を示し、24時間表示に気付かせる ○チャンツ練習の仕方を説明する 　①始めにペアで練習する 　　（奇数をいう人・偶数をいう人） 　②次に3人組で練習する 　③最後に4人組で練習する ☆チャンツができているか
3. Activity ② 時刻表つくり 持ち寄った時刻表を参考に、グループで相談しオリジナル時刻表をつくる 時刻を英語で練習する	○グループでオリジナル時刻表をつくるポイントを説明する 　①乗り物を決める 　②駅名や行先を決める 　③時刻を英語で読む練習をする ○グループに1枚ワークシート（🌱）を配布する ☆グループで協力しているか
3. Activity ③ オリジナル時刻表の発表 グループごとにQ（質問する人）とA（答える人）を分担して練習し発表する 「時刻表」チャンツ（🌱） Q：What's schedule? A：The bus / train schedule! Q：What time is it? A：Fourteen fourteen!	○全体で発表会をする準備をし発表を聞く時の注意点を告げる ○実物投影機で時刻表を大きく写す ○発表を聞きながら、ユニークな時刻表をつくったグループを選ぶように促す ☆集中して聞いているか ☆グループで分担して発表しているか
4. 学習のまとめ オリジナル時刻表についてグループで工夫した点や発表の仕方についての感想を発表する	☆グループ発表評価シート（♣）を個人で記入しているか ○良かった点や改善点について話し合うように促す

5. 本時の評価

①内容：1日24時間を単位とした「午後」の表し方を知り電車やバスの時刻表を読みオリジナル時刻表をつくることができたか。
②言語：1から24までの数字を使って午後の時刻を英語で練習できたか。
③協学：グループで協力してオリジナル時刻表をつくり発表できたか。

🌱 Activity「時刻表」チャンツ　4拍子で手拍子（♩）しながら練習しよう。

♩	♩	♩	♩
What's	schedule	♩	♩
The bus	schedule	♩	♩
What time	is it	♩	♩
Fourteen	fourteen	♩	♩

🌱 ワークシート例

（アヤメ）駅　（電車）時刻表

（チューリップ）駅方面	時刻	（ヒマワリ）駅方面
	5	
	6	
	7	
	8	
	9	
	10 〜 16	
	17	
	18	
	19	
	20	
	21	
	22	

♣ グループ発表評価シート例　（◎よくできた、○できた、△もう少し）

グループ名	ユニークさ	協力	その他（　　　　　）

⑮ 大きい数（億・兆）を読もう（4年）

☀ 「大きな数」が使われる場面の映像からイメージを広げる

　3年生までに数のまとまりに着目し万の単位について学びました。4桁ごとに新たな単位を取り入れていることや整数の表し方や読み方について十進位取り記数法を理解しました。

　4年生では「億・兆」といった新しい単位について学びます。「億・兆」という単位は実際に測れる大きさではないので世界の人口（80億）、人間の体の細胞（60兆）や地球から星までの距離を表す映像を参考に大きい数のイメージを広げます。

1. 指導計画（3時間）

	学習目標	言語材料
1時	億や兆といった新しい単位について4桁ごとに新たな単位があることを知り、整数の表し方や読み方について十進位取り記数法の理解を深める	一、十、百、千 一万、十万、百万、千万 一億、十億、百億、千億 一兆
2時	それぞれの単位の個数が10になると新しい単位に置き換える「十進法の考え」や「位取りの考え」を理解し英語表現を知る	1（one）, 10（ten）, 100（one hundred）, 1000（one thousand） How much is it ? It's one hundred yen. It's three thousand yen.
3時 （本時）	3桁ごとの区切りで100万（million）10億（billion）を読み、過去に市場で競り落とされた値段を当てるゲームを通して大きな数を英語で表現する	10000（ten thousand）, 100000（one hundred thousand） How much is it ? It's two million / billion. tuna, mashroom, crab, cherry, water melon, graps

2. 本時の学習目標

①内容：大きな数を3桁ごとの区切りで表す million や billion の単位を知る。
②言語：million や billion の単位を英語で練習する。
③協学：協力して値段あてっこゲームを楽しむ。

3. 言語材料

・How much is it ? It's two million / billion.
・tuna, mashroom, crab, cherry, water melon, graps

4. 本時の流れ（3 時間扱いの 3 時間目）

学習の流れと児童の活動	○指導者の支援　☆評価
1. Greeting 競り落とされるものについて考える 大きい数の勉強であることを推測する 映像を見て日本の各地からの特産品が競り落とされる様子を知る	○挨拶する　CRT 　卸売市場について見学したことはあるか、どんなものがセリにかけられるか等を質問する 　市場のセリの様子を映像で見せる
2. Activity ① 3 桁区切りの読み方を知る 100 万（million）の単位を知る 　　100,0000　（4 桁で区切る） 　　1,000,000　（3 桁で区切る） 10 億（billion）の単位を知る 　　10,0000,0000　4 桁で区切る 　　1,000,000,000　3 桁で区切る 500 万や 30 億を 3 桁で区切って英語で読む練習をしノートに 3 桁区切りや 4 桁区切りで書く	○3 桁区切りと 4 桁区切りについて説明する ○3 桁で区切る読み方があることを知らせる ○英語では thousand, million, billion となることを知らせる ○4 桁で区切る読み方と比較して考えるように促す ☆3 桁区切りの読み方を英語で練習しているか ☆3 桁区切りや 4 桁区切りで書けているか
3. Activity ②「ミリオン」チャンツ（🌱） Q: This is tuna, how much is it? A: Ten million yen. Q: This is cherry, how much is it? A: One million yen.	○「ミリオン」チャンツを練習することを告げる ○ten million yen は 1000 万円であること one million yen は 100 万円であることを知らせる
3. Activity ③ 値段あてっこゲームをする ・セリにかけられた特産物を知る ・グループで相談して値段を白紙カードに書き英語のいい方を確認する ・値段カードを見せ合い値段が一番近いグループを決める	○ゲームで使用する絵カード（クロマグロ、丹波篠山松茸、越前ガニ、山形サクランボ 夕張メロン、石川ルビーブドウ等）を準備する ○グループに白紙の値段カードを配布する ☆英語の読み方を練習しているか ☆進んでゲームに参加しているか
4. 学習のまとめ 100 万（million）や 10 億（billion）の単位について感想をノートにまとめる	○3 桁区切りの読み方や 100 万や 10 億の単位ついての感想を持つように促す ☆大きい数について感想をまとめているか

5. 本時の評価

①内容：大きな数を 3 桁ごとの区切りで表す million や billion の単位が分かったか。
②言語：million や billion の単位を英語で練習できたか。
③協学：協力して値段あてっこゲームを楽しんだか。

🌱 Activity「ミリオン」チャンツ　4 拍子で手拍子（♩）しながら練習しよう。

♩	♩	♩	♩
This	is	tuna	♩
how much	is it	♩	♩
Ten	million	yen	♩
This	is	cherry	♩
how much	is it	♩	♩
One	million	yen	♩

参考：初セリの最高値段（2021）

クロマグロ　青森県大間産	2084 万円
松茸　兵庫県丹波篠山産　1kg	1185 万円
越前ガニ　極（キワミ）1 匹（1.76kg）	80 万円
サクランボ（佐藤錦）山形県産　500g	100 万円
夕張メロン　北海道夕張産　2 玉	500 万円
ブドウ（ルビーロマン）石川県　1 房	140 万円

⑯ Do Re Mi の歌（音楽：5, 6 年）

☀ 映画「サウンドオブミュージック」が生まれた歴史背景を知る

　この歌は実話をもとに制作された映画の中で歌われました。その当時の歴史に触れることで知的好奇心を揺さぶることができます。歌ったり器楽演奏をしたり、創作の歌をつくったりしてバラエティーに富んだ指導計画を工夫したいものです。また、日本語と英語の歌詞を比べて日本語と英語の違いを知ることで言語への興味が生まれます。さらに、英語の正しい発音の仕方を学ぶことは知的な学習となり高学年のやる気を引き出します。

1. 指導計画（3 時間）

	学習目標	言語材料
1 時 （本時）	ドレミの歌の背景を知り日本語訳との違いに気付く 英単語の発音の仕方を知り練習をして歌う	doe, ray, me, far, sew, la, tea, deer, sun, name, way, needle, note, jam, bread Let's listen to the song！
2 時	ドレミの歌の器楽表現について曲の特徴にふさわしい表現を工夫し演奏方法について考え練習する	piano, xylophone, recorder, keyboard, triangle, tambourine, percussion, guitar, clarinet, cymbal, conductor,
3 時	ドレミの歌の音階を使って即興的に歌詞をつくる 音を繋げて音楽をつくることを通して音楽の表現方法を広げる ミニ発表会をする	scale（音階）rhythm（リズム） note（音符）score（楽譜） music score（五線譜）bar（小節） chord（コード）rest（休止符） G clef（ト音記号）

2. 本時の学習目標

①内容：歌の背景を知りドレミの歌を英語で歌い日本語訳との違いに気付く。
②言語：英語の発音に気を付けて 4 拍子のリズムに合わせて歌う。
③協学：協力して挿絵を描いたり歌やチャンツを練習したりする。

3. 言語材料

- Do（Doe）– a deer, a female deer
- Re（Ray）– a drop of golden sun
- Mi（Me）– a name I call myself
- Fa（Far）– a long long way to run
- So（Sew）– a needle pulling thread
- La（La）– a note to follow Sew
- Ti（Tea）– a drink with jam and bread
- That will bring us back to Do

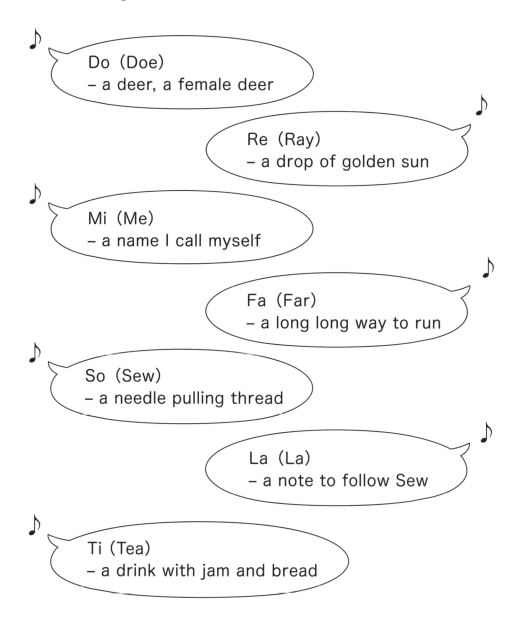

4. 本時の流れ（3時間扱いの1時間目）

学習の流れと児童の活動	○指導者の支援　☆評価
1. Greeting 　どうして鹿が出てくるか推測する 　ドレミの歌の学習が始まることを予測し 　英語の歌を聞く	○鹿（CRT）が挨拶する 　Good morning！I am DOE. 　Do you know「ドレミの歌」？ 　Let's listen to the song！ ☆何が始まるか予想しているか
2. Activity ①ドレミの歌を英語で聞く 　♪ Do-Re-Mi 　　Do（Doe）– a deer, a female deer 　　Re（Ray）– a drop of golden sun 　　Mi（Me）– a name I call myself 　　Fa（Far）– a long long way to run 　　So（Sew）– a needle pulling thread 　　La（La）– a note to follow Sew 　　Ti（Tea）– a drink with jam and bread 　　That will bring us back to Do 　　Oh Oh Oh 　単語の発音を練習する 　日本語の歌詞と異なることに気付く	○英語の歌詞を示し日本語の歌詞との違いを 　確かめるように促す ○英語の歌詞では、ドはメス鹿（doe）であ 　ることを知らせる ○単語カードを示し発音を促す 　/d/, /r/, /m/, /f/, /s/, /l/, /t/ を一緒に指導す 　る 　/l/, /r/ の違いに注意する 　有声音；/d/, /r/, /m/, /l/ 　無声音；/f/, /s/, /t/ ○英語特有のリエゾンについて説明しグルー 　プで発音練習するように促す ☆グループで練習しているか ☆日本語の歌詞との違いに気付いたか
3. Activity ② ドレミの歌の挿絵を描く 　映画「サウンドオブミュージック」につ 　いて制作に先だった歴史的背景を知る 　英語の歌詞の内容を参考に挿絵を描く	○挿絵用の白紙を配布し、ペン、色鉛筆、マー 　カー等を準備するように促す ○第2次世界大戦直前、オーストリアから国 　境の山を越えてスイスに逃げるトラップ大 　佐の家族の物語であることを告げる ○描きあがった挿絵を黒板に貼る
3. Activity ③「ドレミ」チャンツ（🌱） 　グループ内で歌うフレーズを分担する 　担当のフレーズを練習する 　英語で歌いにくいところはどのようにす 　れば英語らしくなるかを考える	○チャンツの見本を示す ○グループで練習するように指示する ○グループ学習が滞っているところには 　サポートする ☆英語らしい発音の仕方を考えているか ☆進んでグループ練習しているか
4. 学習のまとめ 　友達の挿絵を鑑賞する 　学習を振り返って感想を書く	○黒板に貼った挿絵の即席展覧会で作品を 　鑑賞し友達の作品を褒める ☆発音の仕方について感想を持ったか

5．本時の評価

①内容：歌の背景を知りドレミの歌を英語で歌い日本語訳との違いに気付いたか。

②言語：英語の発音に気を付けて4拍子のリズムに合わせて歌えたか。

③協学：協力して挿絵を描いたり歌やチャンツを練習したりできたか。

🌱 Activity「ドレミ」チャンツ　4拍子で手拍子（♩）しながら練習しよう。

♩	♩	♩	♩
Do a	deer	a female	deer
Re a	drop of	golden	sun
Me a	name I	call my-	self
Fa a	long long	way to	run

⑰ クリスマスのオーナメントつくり（図エ：1, 2年）

☀ オーナメントの色や形には意味があることを知る

　身近な自然物や人工物の材料を使った造形遊びを通して、その素材の形状や色に合ったオーナメントをつくります。製作の過程で材料の特徴を生かしながら、つくりたい物のイメージを広げてつくり方を考えます。発想を大切にして構想を練り直す体験を系統的に積み重ねることが大切です。色や形に意味がありそれらが象徴として使われているという発見は新鮮な体験となります。

1. 指導計画（3時間）

	学習目標	言語材料
1時 （本時）	クリスマスの広告や宣伝のパンフレットを持ち寄りクリスマスのシンボルカラーとその意味について考える 赤、緑、白、金、銀等、色の英語名を知る オーナメントつくりの計画を立てる	Red, Santa suits Green, Christmas trees White, snowflake Gold, golden bells Silver, bright stars
2時	絵本 Is That You, Santa? のお話を聞いてクリスマスのプレゼントを心待ちにする気持ちに共感しもみの木に飾るオーナメントをつくる	Christmas trees, Snowman, ornaments, candles, Santa Claus, Santa's sled, socks
3時	もみの木に飾り付けをしてサンタさんへ手紙を書く	例：Dear Santa, 　　色鉛筆を入れる筆箱をください。 　　プレゼントが楽しみです。 　　　　　　　　　　From Ginta

2. 本時の学習目標

①内容：クリスマスのシンボルカラーについてその意味を考えオーナメントつくりの計画を立てる。

②言語：赤、緑、白、金、銀等、色の英語名を使ってチャンツをする。

③協学：グループで協力してチャンツをしたり話し合ったりする。

3. 言語材料

・Red, Santa suits
・Green, Christmas trees
・White, snowflake
・Gold, golden bells
・Silver, bright stars

幸子先生

銀太

4. 本時の流れ（3時間扱いの1時間目）

学習の流れと児童の活動	○指導者の支援　☆評価
1. Greeting 星の帽子をかぶっている CRT を見て推測する ・星の勉強かな ・ああ、もみの木のてっぺんの星かな ・白は雪かな	○星（CRT）が挨拶する Good morning！I am STAR. How are you？ Good！ クリスマスのシンボルカラーは何色か、クリスマスの広告やクリスマスケーキの宣伝チラシには何色が多く使われているかを尋ねる
2. Activity ① シンボルカラーの調査をする 持ち寄ったクリスマスの広告や宣伝チラシを見て使われている主な色を探す グループで見つけた色を代表者が黒板に書き出す 赤、緑、白、金、銀等の色が多いことに気付き色は何を象徴しているかを考える	○シンボルカラーについて調べるよう促す ○使われている色を黒板に書くように指示する ○赤、緑、白、金、銀の色はクリスマスの何を連想するか尋ねる ☆シンボルカラーについて考えているか
3. Activity ② 英語の読み方を練習する 「シンボルカラー」チャンツ（🌱） 　　Red, Santa suits！ 　　Green, Christmas trees！ 　　White, snowflake！ 　　Gold, golden bells！ 　　Silver, bright stars！	○読み方を指さしながら指導する ○チャンツ指導する 　1回目：一斉 　2回目：ペアで 　3回目：グループで ○練習が滞っているところにはサポートし手拍子を使うように促す ☆楽しくチャンツをしているか
3. Activity ③ オーナメントつくりの計画 自分がつくるオーナメントの色・形・素材・ぶら下げ方や用具（のり・ハサミ・ボンド・マーカー等）の準備について話し合いメモする	○オーナメントつくりで準備する物を考えるように促す ○グループで準備する物について話し合い各自メモするように告げる ☆メモを取っているか
4. 学習のまとめ 学習を振り返り次の時間につくりたいオーナメントについてグループで確かめる	○つくりたいオーナメントについてメモするように促す ○口頭で学習の振り返りをするように促す ☆グループで確かめているか

5. 本時の評価

①内容：クリスマスのシンボルカラーについてその意味を考えオーナメントつくりの計画を
　　　　立てたか。
②言語：赤、緑、白、金、銀等、色の英語名を使ってチャンツができたか。
③協学：グループで協力してチャンツをしたり話し合ったりできたか。

🌱 Activity「シンボルカラー」チャンツ　4拍子で手拍子（♩）しながら練習しよう。

♩	♩	♩	♩
Red	Santa	suits	♩
Green	Christmas	trees	♩
White	snow	flake	♩
Gold	golden	bells	♩
Silver	bright	stars	♩

参考：クリスマスのシンボルカラーとその意味

　赤　リンゴやヒイラギの実の色　愛、寛大さ
　緑　ヒイラギの常緑樹木の色　力強さ、永遠の命
　白　積もった雪の色　純潔、潔白、平和、始まり
　金　輝く色　高貴、希望、大切さ
　銀　銀世界の雪や星の色　純粋、無垢

⑱ 学校探検　保健室（生活：1, 2年）

☀ 他学年の児童や学校職員との交流で「関わり合う」場面を設定する

　学校生活1年先輩の2年生は1年生のお世話を喜びます。実際に1年生と2年生が交流できるのが「生活」という教科です。職員室、給食室や保健室はどんな所か、またそこでは誰がどんな仕事をしているのかを見学しお話を聞いたり質問したりして体験的に学びます。自分達の学校生活を多くの人が支えてくれていることに感謝の気持ちを持たせたいものです。

1. 指導計画（3時間）

	学習目標	言語材料
1時	1年生：オリエンテーションとして学校を探検し、学校内には様々な教室があり多くの人が関わって仕事をしていることを知り感想を持つ 2年生：1年生を案内しそれぞれの場所では誰がどんな仕事をしているのかを説明し紹介する	school kitchen, library, teacher's room, principal's room, music room, gym, school ground, nurse's office, school office, art room 2年生 This is a nurse's office. You have a headache. You can come here.
2時 （本時）	体調が良くない時やけがをした時に訪れる保健室で自分の体の様子を告げるための会話を英語でできるようにする（次時、保健室探検の準備）	What's the matter? I have a cold / stomachache / headache / fever / toothache / backache / sore throat
3時	実際に保健室を見学し保健室の役割や保健室の先生の仕事を理解する 前時に練習した英語での会話文を使って保健室の先生と会話する	What's the matter? I have a cold / stomachache / headache / fever / toothache / backache / sore throat

2. 本時の学習目標

①内容：保健室の先生に自分の体調を伝える時の英語表現を知る。
②言語：体調を表すフレーズを英語で練習する。
③協学：グループで協力して「調子悪い」カルタゲームを楽しむ。

3. 言語材料

- What's the matter ?
- I have a cold.
- I have a stomachache.
- I have a headache.
- I have a fever.
- I have a toothache.
- I have a backache.
- I have a sore throat.

4. 本時の流れ（3時間扱いの2時間目）

学習の流れと児童の活動	○指導者の支援　☆評価
1. Greeting パペットのポンちゃんとSPTの会話から推測する ・喉が痛いらしい ・風邪ひいたのかな ・咳をしているな	○パペット（CRT）がサポート先生（SPT）に挨拶する CRT：Good morning! I am PON. 　　　　How are you? SPT：I am not good. I have a sore throat. 　　　　Cough, cough! I have a cold.
2. Activity① 保健室に行くのはどんな時？ どんな時に保健室に行くかをグループで話し合う 　怪我をした、体がだるい、頭が痛い、 　喉が痛い、熱っぽい　等 すでに保健室を利用したことがある児童の話を聞く	○保健室の先生の写真を見せて知っているかどうかを尋ねる ○保健室の写真を見せ保健室にある物について話し合うよう促す ○ベッドは何のためにあるかを考えさせる ○体調が悪い時、日本語ではどのように伝えるかを質問する ☆グループで話し合っているか
3. Activity② 体調が悪い時の英語表現を練習する 「調子悪い」チャンツ（🌱） CRT：What's the matter? 　　C：I have a cold. 　　　　I have a stomachache. 　　　　I have a headache. 　　　　I have a fever. 　　　　I have a toothache. 　　　　I have a backache. 　　　　I have a sore throat. このフレーズは保健室以外の場所でも使えることに気付く	○体調が悪い時の絵が描かれている絵カードを使って英語表現を指導する ○英単語入りの絵カードを参考にジェスチャーも交えながらチャンツをする 　1回目：担任（CRT）と児童（C）で 　2回目：ペアで（SPT） 　3回目：グループで（SPT） ○SPTは練習が滞っているグループに入り一緒に練習する ☆ジェスチャーも交えているか ☆このフレーズは病院でも使えることに気付いているか
3. Activity③「調子悪い」カルタゲーム CRTが読み上げるフレーズに合った絵カードを取る（グループ内で）	○カルタの絵カードを各グループに配布する ○CRTはカルタを英語で読み上げる ○SPTはグループのサポートをする ☆カルタに集中しているか
4. 学習のまとめ 自己評価（♣）しカルタを片付ける 絵カードは何枚取れたか確認する	○学習の振り返りをするように促す ○カルタを回収する ☆カルタゲームの感想を聞く

5. 本時の評価

①内容：保健室の先生に自分の体調を伝える時の英語表現が分かったか。
②言語：体調を表すフレーズを英語で練習したか。
③協学：グループで協力して「調子悪い」カルタゲームを楽しんだか。

♣自己評価例

「できたこと」3つについてじぶんにあてはまることに○をしよう。

年　　　組　　氏名

レベル できたこと	(!^^!)	（・・）	(> <)	(＋＋)
ほけんしつの やくわりをかん がえた	ひとりでよくか んがえてともだ ちにもおしえた	ひとりでよく かんがえた	ともだちにヒン トをもらってか んがえた	せんせいにおし えてもらった
「ちょうしがわ るいこと」を えいごでいえた	ぜんぶ、えいご でいえた	はんぶん、いえ た	2 ついえた	ひとついえた
カルタのやりか たがわかった	ともだちに やりかたを おしえてあげた	ともだちにヒン トをあげた	ともだちにヒン トをもらってわ かった	ともだちにおし えてもらってわ かった

🌱Activity「調子悪い」チャンツ　4拍子で手拍子（♩）しながら練習しよう。

♩	♩	♩	♩
What's	the matter	♩	♩
I have a	cold	♩	♩
I have a	stomach-	ache	♩
I have a	headache	♩	♩
I have a	fever	♩	♩

⑲ 体の動き（体育：3, 4 年）

☀ 考える体育でチームワーク力を培う

　一昔前、体育の授業といえば、筋力を鍛え技の練習を繰り返しすることでしたが、最近の研究では心と体と頭がお互いに関連していることが分かってきました。自分からやる気になって目標を立て、イメージを膨らませ頭で考えて友達と関わり合いながら切磋琢磨する場面を設定することが学校体育で求められています。協力することの面白さ、考え出すことの痛快さ、パフォーマンスへの自信に繋がる経験をさせてあげたいものです。

1. 指導計画（3 時間）

	学習目標	言語材料
1 時	絵本 From Head to Toe のお話（前半）を聞き登場する動物の名前を知り、その動物の体の動きを真似する 体の動きを入れた英語じゃんけんゲームで Can you do it ? I can do it. の会話をする	I am a penguin and I turn my head. I am a giraffe and I bend my neck. I am a buffalo and I raise my shoulder. I am a monkey and I wave my arms. I am a seal and I crap my hands. I am a gorilla and I thump my chest.
2 時	絵本 From Head to Toe のお話（後半）を聞き登場する動物の名前を知り、その動物の体の動きを真似する 体の動きを表現し動物当てゲームで Who am I ? You are a cat. の会話をする	I am a cat and I arch my back. I am a crocodile and I wriggle my hips. I am a camel and I bend my knees. I am a donkey and I kick my legs. I am an elephant and I stomp my foot.
3 時 （本時）	動物の動きをグループで考え、クラスで行うオリジナルのサーキットトレーニングのメニューを考える 体育館の遊具や用具の配置を考える 危険を避けるためのルールを考える サーキットトレーニングをする	I am a polar bear and I swim. I am a monkey and I swing. I am a snake and I slither. I am a kangaroo and I jump. I am a koala and I climb. I am a panda and I roll. Ready ? Go !

2. 本時の学習目標

①内容：動物の動きを考えオリジナルのサーキットトレーニングのメニューをつくる。
②言語：好きな動物の名前とその動きを英語で表現する。
③協学：協力してトレーニングのメニューや用具の配置、ルールを考える。

3. 言語材料

- ・I am a polar bear and I swim.
- ・I am a monkey and I swing.
- ・I am a snake and I slither.
- ・I am a kangaroo and I jump.
- ・I am a koala and I climb.
- ・I am a panda and I roll.
- ・Ready ? Go !

4. 本時の流れ（3 時間扱いの 3 時間目）

学習の流れと児童の活動	○指導者の支援　☆評価
1. Greeting モンキー（CRT）の動作を見て興味を持つ ・スイングしている、面白そうだな ・やってみたいな、やってみようかな	○モンキー（CRT）が挨拶する：体育館にて Good morning! I am MONKEY. I swing.（ロープにぶら下がってスイング） Can you do it ? Who can do it ?
2. Activity ① From Head to Toe 体操 前時までの体操を復習する 　Turn my head. Bend my neck. 　Raise my shoulder.Wave my arms. 　Crap my hands.Thump my chest. 　Arch my back.Wriggle my hips. 　Bend my knees. Kick my legs. 　Stomp my foot. Once again !	○準備体操として From Head to Toe 体操することを告げる ○英語のフレーズを録音したチャンツを BGM として流す ○1 回目は体育係のリードで 2 回目はグループごとに体操することを指示する ☆グループで協力しているか
3. Activity ② 動物の動きを考える どの動物のどんな動きをするか考えグループで相談する ・グループのホワイトボードに日本語で書き出す ・その動作の英語表現を教えてもらう ・そのジェスチャーやチャンツ（🌱）も考える マット、のぼり棒、跳び箱等使用する用具を準備し安全を確かめる	○サーキットトレーニング計画について 　From Head to Toe 体操を参考に他の動物の動きを考えトレーニングに取り入れることを提案する ○どんな動物のどんな動きにするかグループで考えるように促す ○動作の英語表現を教えボードに書き留める ○グループの話し合いをサポートする ☆グループで話し合っているか ☆用具を選択しているか
3. Activity ③ 用具を出して練習する 練習や片付けをグループで行う トレーニングの内容をメモする	○用具の取り扱いに配慮する ☆グループで協力しているか ☆困ったことを相談しているか
4. 学習のまとめ 良かった点や改善点を話し合い学習を振り返る 個人で自己評価（♣）を記入する	○学習の振り返りをするように促す ○用具の片付け状況を確認する ○授業の後、トレーニングメモをグループで 1 枚提出するように指示する ☆個人で自己評価をしているか

5. 本時の評価

①内容：動物の動きを考えオリジナルのサーキットトレーニングのメニューをつくれたか。
②言語：好きな動物の名前とその動きを英語で表現できたか。
③協学：協力してトレーニングのメニューや用具の配置、ルールを考えたか。

♣自己評価例

「できたこと」4つについて自分にあてはまることに○をしよう。

　　　　　　　　　　　　　　　　　　　　年　　　組　　氏名

レベル／できたこと	(!^^!)	(・・)	(> <)	(＋＋)
動物の動きを考えた	一人でよく考えて友達にも教えた	一人でよく考えた	友達にヒントをもらって考えた	先生に教えてもらった
From Head to Toe 体操ができた	全部、英語で歌えた	半分、歌えた	少し、歌えた	ほんの少し歌えた
協力してトレーニングをした	100点〜90点	89点〜60点	59点〜20点	19点〜0点
用具の準備や片付けができた	100点〜90点	89点〜60点	59点〜20点	19点〜0点

🌱 Activity チャンツ例

♩	♩	♩	♩
A polar-	bear	l	swim
A monkey	♩	l	slither
A kanga-	roo	l	jump
A koala	♩	l	climb
A panda	♩	l	roll

⑳ カレーライスつくり（家庭・行事：5, 6年）

☀ 食材や調理用具等の実物を見せることで英語の意味が分かります

　調理の授業は楽しく「お遊び」感覚になりがちで調理の目的を見失うことがあります。自由に活動する授業には緊張感が必要です。「英語による説明」は緊張感を生み出し、日本語での説明では聞き逃してしまいそうなことも英語では注意して聞こうとします。また、英語の意味を推測し、道具を使って自分でやってみることを通して英単語や英語による指示を理解することができます。普段通りの日本語による説明を英語に変えてみることで教室に新鮮な風を送り込むこととなるでしょう。

1. 指導計画（3時間）

	学習目標	言語材料
1時	行事：林間学校でのカレーライスつくりを前もって経験する 準備する材料や調理の役割分担について話し合う	Let's prepare for curry and rice ! What do we prepare? some potatoes / carrots /onions /meat / rice / curry roux Who prepares it? I do.
2時 （本時）	家庭科室で調理実習する 英語の説明を聞いて何をすれば良いか推測する カレーライスつくりの過程を分担してつくり方と手順を覚える	Let's make curry and rice! boil, pare, cut, slice, stew, boil down curry roux, potatoes, carrots, onions, beef, water, pot, frying pan, spoon, plate, knife, fork, a pair of chopsticks
3時	お世話になっている校内の職員を招待して楽しく会食する 準備や後片付け等グループで分担して進め協力することの大切さを知る	Let's eat curry and rice! Thank you for joining us. Clear the dishes from the table.

2. 本時の学習目標

①内容：林間学校での事前練習としてカレーライスつくりを経験する。
②言語：調理道具や食材等調理用語の英語名を知る。
③協学：カレーライスつくりの過程を分担し協力して調理する。

3. 言語材料

・Let's make curry and rice!
・rice, curry roux, potatoes, carrots, onions, beef, water
・pot, frying pan, spoon, plate, knife, fork, a pair of chopsticks

真鍋先生

Boil some potatoes.

ゆでるんだ

真理

Pare a carrot.

ニンジンの皮むくのかな

加奈

Stew it well.

とろとろ煮込むんだ

次郎

4. 本時の流れ（3時間扱いの2時間目）

学習の流れと児童の活動	○指導者の支援　☆評価
1. Greeting CRTとSPTの会話を聞いて興味を持つ ・早くつくりたいな ・道具を確かめよう ・調理道具はcook wareか ・なべはpotか ・フライパンは日本語でもフライパンだ ・包丁はナイフ、日本語でも同じだ	○家庭科専科（SPT）が担任（CRT）と挨拶する SPT：Good morning! Let's make curry and rice. CRT：Let's make curry and rice. SPT：Let's check cook ware.　　CRT：OK. SPT：Do you have a pot？　　　CRT：Yes. SPT：Do you have a frying pan？CRT：Yes. SPT：Do you have a knife？　　CRT：Yes. SPT：OK. Good job.
2. Activity ① 調理の準備をする（グループ） 身支度をチェックする 調理道具をチェックする（🌱） SPT：Let's check cook ware. SPT：Do you have a pot？　　　C：Yes. SPT：Do you have a frying pan？C：Yes. SPT：Do you have a knife？　　C：Yes. SPT：OK. Good job. 手順をチェックする	○準備の指導をする ○身支度、調理道具、手順を確認する ○使用する調理道具や手順が書かれた模造紙を黒板に貼る ☆チャンツで調理道具を確かめているか ☆指示を聞き確認しているか
3. Activity ② 調理する（グループ） 分担を決める 手を洗う 道具を出して洗う 材料を洗う 安全に気を付けて調理する	○調理指導をする ○手順を確認するように促す 　Chop carrots / onions / potatoes / meat. 　Cook them with oil. 　Add water and let it simmer. 　Put curry roux and mix it. 　Stew it well. ☆協力して調理しているか
3. Activity ③ 片付ける 協力して片付ける	○片付けの指導をする 　・道具をもとの場所に戻す 　・調理台をきれいに拭く ○片付いたグループは個人作業表に記入するように指示する
4. 学習のまとめ グループで良かった点や改善点を話し合い個人作業表（♣）に記入する	○調理道具の片付け状況を確認する ○個人作業表を回収する ☆グループで振り返りをしているか

5. 本時の評価

①内容：事前練習としてカレーライスつくりができたか。
②言語：調理道具や食材等調理用具の英語名が分かったか。
③協学：カレーライスつくりの過程を分担し協力して調理できたか。

♣個人作業表

年　　組　　氏名

レベル できたこと	(!^^!)	(・・)	(> <)	(+ +)
準備	一人でよく考えて友達にも教えた	一人でよく考えた	友達にヒントをもらった	先生に教えてもらった
調理	協力して手順通りできた	協力してできた	手順を少し間違えた	分担通りにできなかった
片付け	100点〜90点	89点〜60点	59点〜20点	19点〜0点
英語の理解度	100点〜90点	89点〜60点	59点〜20点	19点〜0点

🌱Activity チャンツで調理道具をチェックする。

♩	♩	♩	♩
Let's	make	curry and	rice
Let's	check	cook	ware
Do you have a	pot	♩	Yes
Do you have a	knife	♩	Yes

調理用語例

heat：火を通す　boil：ゆでる　mix：混ぜ合わせる　chop：みじん切りにする
soak：水にさらす　drain：水を切る　steam：蒸す　bake：天火で焼く
broil：直火で焼く　grill：焼き網で焼く　roast：肉を天火で焼く
pan-broil：フライパンで蓋をせずに焼く　brown：きつね色に焼く
toast：トーストする　simmer：とろとろ煮える　stew：とろ火で煮る

㉑ The Little House（道徳：3, 4, 5, 6 年）

☀ 地球が直面する問題に向き合う

　環境について考える授業です。2050 年のカーボン・ニュートラルを目指し CO_2 の削減が現実問題となりました。人間が都合の良いようにつくり替えてしまった町の生活。失われたものをもう一度取り戻そうというテーマは、今を生きる子供達に美しい地球を守るためにはどうすれば良いかを問いかける、まさにオーセンティックな教材です。

1. 指導計画（3 時間）

	学習目標	言語材料
1 時	町の生活と田舎の生活について考え共通点や違いを話し合う 町の生活と田舎の生活、どちらが好きか自分の考えを持つ	What can you see in a town / village? I can see a building / car / railway / shop tree / rice field / mountain / ocean Which do you like a town or a village? Why？
2 時 （本時）	絵本 The Little House を聞いて内容の大体を理解し、主題について考え友達と話し合う 「自然への向き合い方」について考えを持つ	Where do you want to live, a town or a village？ Why？ friends, trees, flowers, birds
3 時	「自然と人間」について考え今までの自分の行動を振り返り、自然との向き合い方についてキーワードを考え 400 字作文を日本語で書く	Key words： nature, air, water, tree, flower, sky, animal, river, montain, lake, wind, light, protecion（保護）, environment（環境）

2. 木時の学習目標

①内容：絵本 The Little House の主題を話し合い「自然」について考える。
②言語：Where do you want to live？　のフレーズを繰り返し練習する。
③協学：聞き取りゲームを通して友達の考えを知り自分の考えをまとめる。

3. 言語材料

・Where do you want to live, a town or a village ?
・Why ?
・friends, trees, flowers, birds

4. 本時の流れ（3 時間扱いの 2 時間目）

学習の流れと児童の活動	○指導者の支援　☆評価
1. Greeting 英語絵本の内容を推測する ・木、花、鳥が出てくるのかな ・自然についての話かな	○ The Little House の絵本を持って CRT が挨拶する Good morning？　I am LITTLE HOUSE. These are my friends, trees, flowers and birds.
2. Activity ① 絵本 The Little House を聞く 内容：のどかな田舎にあった小さな家は自然を満喫していたが、時が流れ車や鉄道が走り周囲にどんどんビルが建ち息苦しくなってしまった。ある日、通りかかった女の子がこの小さな家を助け出すことになる ペアで話し合う ・場面はいくつか ・一番好きな場面はどこか	○読み聞かせる ○聞く時の観点を示す 　・場面に着目すること 　・印象に残った場面を見つけること ☆絵本に集中しているか ☆気に入った場面を見つけたか ☆好きな場面について話し合っているか
3. Activity ② 主題について考える グループで話し合う 　・人間がつくった町 　・人間の都合で奪われた自然 　・自然を取り戻すためにできること 　・女の子の思い	○グループで話し合うように指示する 　・進行係を決める 　・グループ内での発言の順序を決める 　・話し合いの時間を決める ○黒板に絵本の各場面のコピーを貼り出す ☆話し合い活動に参加しているか
3. Activity ③ 聞き取りゲームをする 住みたい場所（町か田舎か）を尋ねる A：Where do you want to live? 　　A town or a village? B：A town / a village A：Why ? B：日本語で説明する アンケート調査用紙（♣）にメモする	○ゲームを通してアンケート調査を行うことを告げる 　・ゲームを始める前にアンケート調査用紙を配布する 　・鉛筆とアンケート調査用紙を持って、聞き取りをする 　・ゲーム後、町に住みたい人、田舎に住みたい人の数を集計するように促す
4. 学習のまとめ ゲームの結果を自分なりに考察する 考察したことを発表する	○聞き取りゲームの結果から自分なりの考えをまとめるように促す ☆考察を書いているか

5．本時の評価

①内容：絵本 The Little House の主題を話し合い「自然」について考えたか。

②言語：Where do you want to live ? のフレーズを繰り返し練習したか。

③協学：聞き取りゲームを通して友達の考えを知り自分の考えをまとめたか。

♣アンケート調査用紙　例　クラス 30 名なら 30 番まで

年　　組　　氏名

番号	氏名	町（town）	田舎（village）
1	太郎	✓	
2	はるか		✓
3	あさこ	✓	
4	ごう		✓
5			
6			
7			
合計			

考察：アンケート調査用紙の結果から自分の意見をまとめよう。

参考：環境について考える教材の紹介

① One World   by Michael Foreman

　淡い色の美しい絵本です。小学生くらいの女の子と男の子の姉弟が海辺の岩場（rock pool）に出かけ、貝や海藻、ヒトデ、小石、小さな魚やエビを集めバケツの中に自分だけの世界（own world）をつくります。ふと、海の岩場を見るとそこに残っていたものは空き缶や油ばかり、うきうきする岩場ではなくなっていました。そこで 2 人は集めたものを岩場に戻して汚れたものを取り除きます。次の日、友達もやってきてみんなで岩場をきれいにします。太陽も月も星もみんなのもの、ひとつの地球に私たちは住んでいるのです。

② The Boy Who Harnessed The Wind　風を捕まえた少年

　2019 年に公開された映画です。アフリカの青年ウイリアム・カムクワンバが独学で風力発電の仕組みを学び風車をつくり村に電気の灯りをともす実話を映画にしたものです。2001 年にアフリカのマラウイで干ばつが起こった時、風車をつくって畑に水を引くことを思い付きます。図書館に通い風車の仕組みを勉強し、捨てられている自転車の車輪等、材料集めから始めました。14 歳の時です。初め、村にはウイリアムの理解者はいませんでしたが彼の真剣さはだんだん周りの人達の心を動かしていきました。

③ Iqbal and His Ingenious Idea: How a Science Project Helps One Family and Planet   by Elizabeth Suneby and Rebecca Green

　バングラデシュではモンスーンの季節になると部屋の中で火を焚いて料理をしなくてはなりません。妹はその煙で夜中咳をして苦しそうです。イクバルは煙の出ないストーブを思い付きます。それは太陽の熱を利用して料理をする方法です。このアイデアでイクバルは学校の持続可能（sustainability）をテーマにしたサイエンス・フェアで優勝します。イクバルの妹や家族を思う気持ちがあふれる実話です。

Chapter 4

創作ストーリーテリング
Adapted Pantomime Method
&
Draw Talk Method

Part1　パントマイムを応用したマイムストーリー
Part2　絵を描きながら語るドロートーク

Part 1　Adapted Pantomime Method of Storytelling ●●●●●●●●●●●●●●●●●●
（パントマイムを応用したマイムストーリー）

　本来のパントマイムは言葉による説明はなく、動作や顔の表情によって意味を伝えるものですが、パントマイムを応用したマイムストーリーはジェスチャーや動きを交えて英語でお話を語ります。

　1972 年に James Asher によって開発された英語指導法の TPR（Total Physical Response）では、指導者の指示を聞いて学習者が実際に行動します。例えば、指導者が Walk to the door. と指示すると学習者はドアの方へ歩いていきます。指導者が Put the book on the table. と指示を出すと学習者は本を机の上に置きます。この手法を一連の流れのあるお話にしたものが、お話付きパントマイムです。意味を日本語で訳さず、動作やジェスチャーで意味を伝えるため英語をそのまま理解できます。この指導法は初期の英語学習者に適しており動きを英語で表現するので「動詞」の意味を指導するのに効果的です。

　お話付きパントマイムの台本つくりでは次のような配慮が必要です。

1　題材は子供の毎日に関したものや想像力を広げられるものにする。
2　短い文にする。
　　例えば、Fry the onions, green peppers and mushrooms. ではなくて、
　　　　　Fry the onions. Fry the green peppers. Fry the mushrooms. にする。
3　動詞は実際にやって見せることができる動詞にする。
　　例えば、Get dressed. You are sorry. ではなくて、
　　　　　Put on your shirt. You cry. にする。
4　具体的な名詞を使う。例えば、フルーツではなくて、リンゴやミカン等。
5　推測しやすく覚えやすい単語を使う。
6　ストーリーの始まりと終わりがきちんと完結するようにつくる。

Part 2　Draw Talk Method of Storytelling ●●●●●●●●●●●●●●●●●●●●●●●●●
（絵を描きながら語るドロートーク）

　絵を描きながら英語のお話をします。話していることを絵に描いていきます。お話と絵が同時進行します。例えば、There is a high mountain. と話しながら高い山を描きます。There was a hare and a tortoise. と話しながら野兎と陸ガメを描きます。

　この手法も日本語で訳すことなく意味は絵で表されるので英語をダイレクトで理解できます。ドロートークに慣れていない段階では、前もって下書きしておいた絵をなぞることから始めると良いですね。絵で意味を表すので「名詞」の指導に向いています。

① Let's go to school!

Wake up! Wake up! It's time to get up.

Good morning, Mum.
I open the window.
I take off my pajamas.
I put on my shirt.
I put on my pants.
I put on my socks.

I go down the stairs.

Good morning, Dad.
I wash my face.
I have breakfast.
I drink my milk.
Yum, yum, yum, I like it!

I brush my teeth.
I brush my hair.
I put on my shoes.
I have everything.

Yes! I'm ready!
Let's go to school!

② Let's go to the zoo!

Walk, walk, walk!

Hello, animals!

There's a rabbit!
A rabbit has big feet,
And jumps, jumps, jumps.

There's a lion!
A lion has a big mouth,
And roars, roars, roars.

There's a monkey!
A monkey has hands,
And craps, craps, craps.

There's an elephant!
An elephant has a long trunk
which swings from side to side.

There's a crocodile!
A crocodile has sharp teeth,
And bites, bites, bites.

Good bye, animals!

③ Rainy day

Can you hear the sound?
Plop, plop, plop⋯
It is raining.

Let's get ready.
Put on my raincoat.
Put on my rain boots.
Take an umbrella.
Let's go outside!

Jump in a paddle.
Jump, jump, jump!
Kick the mud.
Kick, kick, kick!
Stomp the ground.
Stomp, stomp, stomp!
Splash water.
Splash, splash, splash!

It's so fun!

④ The Beach in Summer

It's too hot !
I want to go to the beach and swim.

Ok, let's ready to go outside.
Put on sunglasses.
Put on my hat.
Put on my flip flops.
Let's go outside!

Walk, walk, walk, walk, walk, walk!

It's a beautiful beach, isn't it ?
I'm so thirsty.
Get something to drink.
How about "Suikawari" ?

Put the towel over my eyes.
Tell me where I can find the watermelon.

Go straight!
There on the right.
There on the left.
You did it!
Let's have it together!
So yummy!

⑤ What do you want to do?

What do you want to do?
I want to eat breakfast.
I want to brush my teeth.
I want to put on my blue shoes.

What do you want to do?
I want to go to school.
I want to talk with my friend.
I want to study English.

What do you want to do?
I want to clean my classroom.
I want to play soccer.
I want to go home.

What do you want to do?
I want to watch TV.
I want to take a bath.
I want to say 'Good night'.

⑥ Let's go to the supermarket

My mother gave me a shopping list.
Let's go to the supermarket.
Walk, walk, walk!

I am at the supermarket.
I take three potatoes.
I take one cabbage.
I take five tomatoes.
I take two cucumbers.
I take four apples.
I take one lemon.

I bought all I need.
Let's go back home.
Walk, walk, walk!

I'm home.
Here you are, Mum!

⑦ Where will I go ?

Are you ready to go?

Yes, Mum!

I put some pencils into my pencil case.

I put some textbooks into my bag.

I put some notebooks into my bag,

And I put my handkerchief in my pocket.

I put on my shoes and my hat.

Ready to go! Wait a minute!

Where is my bag?

Here you are.

Oh, my school bag!

⑧ I don't want to sleep

It's time to go to bed.
I don't want to sleep.

I wear blue pajamas.
But no, I want to wear yellow ones.
No, no, I want to wear red ones.
I don't want to sleep.

It's time to go to bed.
I brush my teeth.
Swish, swish, swish!
I don't want to sleep.

It's time to go to bed.
I read a picture book.
I don't want to sleep.

It's time to go to bed.
I put my teddy bear on my bed.
I put my doll on my bed.
I put my favorite picture book on my bed.

I'm sleepy ···
Good night, moon.

⑨ Let's make Obento!

Beautiful day, today!
Wow! Let's go for a picnic!

Let's make Obento.
Make a rice ball.
Grab some rice.
Make it into a triangle.
Press, press, press!

Make fried eggs.
Crack some eggs.
Spread them on a pan and bake it.

Cut some sausages.
Grill them in the pan.

Finally, put a slice of tomato and broccoli in a lunchbox!
Obento is ready!

Put Obento into a basket.
Put on my hat.
Let's go!

⑩ Let's make curry and rice!

Let's make curry and rice!
Wash my hands.
Put on my apron.

Cut some meat into cubes.
Cut some vegetables into little pieces.
Place all in a pot.
Fry them together.
Add water to the pot.
Braise and stew.
Wait a minute.

Put curry roux into the pot.
Heat it.

Put rice on the plate.
Put curry on the rice.
Let's eat it.
Munch, munch, munch···
A real feast!

⑪ Let's make a strawberry cake!

Let's make a sponge cake.

There are eggs, milk, butter, sugar, and flour.

Put some milk and sugar in a bowl.

Mix, mix, mix…

Put eggs in the bowl.

Mix, mix, mix…

Add some flour to the bowl.

Mix, mix, mix…

Put some butter in the bowl.

Mix, mix, mix…

Pour into a container and bake.

The sponge smells good.

Let's make some icing.

Put fresh cream and sugar in a pot.

Mix, mix, mix, and shake, shake, shake…

It makes a delicious cream.

Let's decorate the sponge!

Put some icing on it.

Decorate the top with strawberries.

I made a cake!

⑫ Play in the sand

It is Sunday, today.

Get my shovel.
Get my bucket.

Go outside.
Walk to the park.
I meet my friends.
They are making a sand castle.
Can I join you?
Sure!

Dig a hole, dig a hole,
and gather sand.
I made a small castle.

Let's make a bigger one together.
Dig a hole, dig a hole, dig and dig a hole.
Gather sand, gather sand, and gather sand.
Hooray! A big castle!

Look! A lot of castles!
We made a town!

⑬ Our secret hut

Let's make our secret hut.

Go to a forest to get some wood.
Walk, walk, walk, and climb, climb, climb!

Find some wood.
Pick up some branches.
Pick up some twigs.
Pick up some leaves.
Take them and get back to our backyard.
Walk, walk, walk!

Let's make our hut.
Cut the wood for walls.
Then pile up the wood.
Put some branches and leaves on the top.
Put a big picnic sheet on the ground.
See you tonight.

Here!
Look up! See Halley's comet!

⑭ Treasure hunting

Look, I've got a treasure map!
This is a mark where the treasure is buried.
Let's go treasure hunting!
This is a jungle. There are many dangerous animals.
Pit-a-pat, pit-a-pat… （心臓がドキドキ）

"Awoo"

What's that? Did you hear it ?
Look! There! A wolf is looking at us!
Run, run, run, away from the wolf !
Keep searching for the treasure.
Pit-a-pat, pit-a-pat…

"Roar"

What's that? Did you hear it again ?
Look! There! A lion is looking at us!
Run, run, run, away from the lion!
Here is a safe place for us.
Let's have a rest here.

"Hiss…"

What's that? Another dangerous animal ?
Look! Wow! A snake slithers towards us!
Run, run, run, away from the snake!

Where is the map? Oh, here.
Here is the same mark where the treasure is buried!
Let's dig here! Dig, dig, dig.
Oh, there is the treasure box! Open it!
What a mess! Many animal fossils are here!

⑮ Sports Festival

Bend and stretch my body.
Swing my legs and arms.

Relay a baton!
Take the baton. Ready? Go!
Run and run around the track.
Pass the baton to the next runner.
Go! Go!
Wowww! We won!

Roll the ball!
With two hands grasp the big ball. Ready? Go!
Push and push the ball!
Pass the ball onto the next.
Push! Push!
Ahhh! We lost!

Tug of war!
Pick up a rope. Ready? Go!
Pull and pull the rope.
Pull! Pull!
Wow!!! We Won!!

Good job! Everybody!

⑯ What animals are hiding?

I have magic hands.
I can make animals with my hands.
Please find hiding animals!

（Drawing：片方の手の小指と薬指をの
　ばして紙の上に置きもう片方の手に鉛
　筆を持って輪郭を描く）

He is in the sky.
He can fly.
What is this?
（Children: とり！）

（Drawing：片方の手でグーをつくっ
　て紙の上に置きもう片方の手に鉛筆を
　持って輪郭を描く）

He is in the sea.
He can swim.
What is this?
（Children: さかな！）

（Drawing：片方の手でチョキをつくって
　紙の上に置きもう片方の手に鉛筆を持っ
　て輪郭を描く）

She loves carrots.
She is good at jumping.
What is this?
（Children: うさぎ！）

（Drawing：片方の手の指先を全部まと
　めて紙の上に置きもう片方の手に鉛筆を
　持って輪郭を描く）

He is sometimes dangerous.
He has a long tongue.
What is this?
（Children: へび！）

Well done, All!

⑰ Get Dressed Santa!

On December 24th, Christmas is
coming.
Outside, it is snowing. It's cold.
But Santa is still in his pajama.
  "Hurry up, hurry up!" says his dog.
  "Get dressed Santa! Get dressed!"
  "Ok⋯" says Santa.

Now, let's get dressed!
First, let's put on a Santa hat!
Next, let's put on a scarf!
Next, let's put on a jacket!
Wow, it's a nice jacket! What's next? Next⋯
Let's put on pants!
Next, let's put on big black boots!
Next, let's put on mittens!
And don't forget your mask too!
Ok, now he's ready! He rushes to the door. But then, he has to go.

He wants to go to a restroom⋯
Now, he has to take off his clothes.
First, let's take off a Santa hat!
Next, let's take off a scarf!
Next, let's take off a jacket!
What's next? Next⋯
Let's take off pants!

Next, let's take off big black boots!
Next, let's take off mittens!
And don't forget your mask too!
Ok, now he's ready! He rushes to the door.
And he is OK now?

And now, one more time he has to get dressed!
First, let's put on a Santa hat!
Next, let's put on a scarf!
Next, let's put on a jacket!
Wow, it's a nice jacket!
What's next? Next⋯
Let's put on pants!
Next, let's put on big black boots!
Next, let's put on mittens!
And don't forget your mask too!
Ok, now he's ready!
He rushes to the door.
His dog says, " Wait, don't forget your
present bag too, Santa!"

⑱ What's missing?

Good morning everyone!
Today we are doing "Missing game" by drawing pictures.
Please think about what animal is, and what is missing.
When you find out, let's say the missing parts!

First one, I'm drawing a dog.
Can you find what is missing?
　(Children : しっぽ！)
Yes! A tale is missing. Good job!

Next one, I'm drawing a cat.
Can you find what is missing?
　(Children : ひげ！)
Yes! Whiskers are missing. Good job!

Third one, I'm drawing an elephant.
Can you find what is missing?
　(Children : きば！)
Yes! Fangs are missing. Good job!

Next, I'm drawing a bird.
Can you find what is missing?
　(Children : 羽！)
Yes! One feather is missing. Good job!

Last one, I'm drawing a lion.
Can you find what is missing?
（Children：目！）
Yes! Eyes are missing. Good job!

That's all! Great job everyone!

⑲ Birthday Party

There is an oven and this oven is special.
Also, there is a chef Bear, he likes cooking.
He can cook everything with this oven.
Today, he's going to cook some dishes for someone.

First, he cooks spaghetti.
Second, he cooks rice balls.
And, he cooks pizza.
Then, he cooks curry and rice.
Lastly, he cooks a huge strawberry cake.

But, he turns out there are no candles.
So, he calls his brother Bear and says, "Can you bring some candles?"
And the brother Bear says, "Ok! I'll bring some candles!"
The chef Bear waits for the brother Bear.
Later, the brother Bear comes to the house holding some candles.
Then, they put these candles on the cake.

The clock says five.
Someone is coming home.
It is the wife of the chef Bear.
She is very surprised to see all of the food!

⑳ The Boy Who Cried Wolf

Once upon a time,
there was a young shepherd living outside of a village.
He had a lot of sheep.

He liked telling lies to get people's attention.
He shouted loud from the top of the hill.
 "Wolf ! Here comes a wolf !"
So, the villagers hurried to the hill and looked for the wolf.
 "Where? Where is the wolf ?"
But there are no wolves anywhere.
The villagers realized that the young shepherd told a lie to them.

The young shepherd made fun of them.
 "It is fun to see that they are upset."
He fooled them again and again.

One day, a wolf really came to the village.
The young shepherd asked for help.
But…
No one believed the young shepherd.
The wolf began to attack the sheep.
All sheep were eaten by the wolf.

This tale is told out.

㉑ Let's Make a Christmas Tree

Listen⋯we can hear a bell sound.
It's Christmas day, today!
Let's make a Christmas tree.

This is a Christmas tree.
Put on some ornaments.

What do I need?
Um⋯oh! I need apples, a ginger man and a snow crystal.
What a wonderful Christmas tree!
Merry Christmas!

No no! We need something more.
Yes. Socks, and angels.
Something's missing.

Oh! I've forgot⋯ a star!
Put the star on the top of the tree.
Merry Christmas!

Chapter 5

学習者を支援する評価

	教科	目標①内容 Contents	目標② 言葉 Communication	目標③ Culture or Community
1. Shogami-san	体育	表現運動		
2. Asuka	算数	長さ	How long ~?	
3. Ayano.Takagi	家庭科	料理と食べ物		
4. Mana	保健体育	体調について	What's matter? I have a ~	whole group pair work
5. Sayo	生活科	身の周りの職業	Who am I? What do you want to be?	whole group
6. Misato	理科	虫の成長過程	Who are you? I grow up to be ___	whole class
7. Ayano.Tsuru	図工 (折り紙)	折り紙	Turn over. Let's make ~ fold in half...	Japanese Tradition
8. Masami	体育	動物の鳴き声 (仲間探しゲーム)	Who is this?	whole class
9. Aoi	生活	夏休みにすること	I love the mountains!	Summer summer group

―ホワイトボードを使って学習状況をクラスに知らせる―

支援の１例です。他教科と関連した英語学習の模擬授業計画を立てました。
教科関連、内容や目標等が決まったら各自がボードに書き出します。
考え中の時は空白が埋まっていません。
クラスに知らせることで個人の考えを全体で共有することができます。

    （1）総括的評価と形成的評価
    （2）ルーブリックを取り入れて
    （3）CLIL の評価方法を考える
    （4）振り返りで自己評価してみる

Chapter 5 では、「評価」について考えてみました。「評価」というと、指導者が学習者の学習の出来栄えがどのくらいかを示す「ものさし」として使われるのが一般的ですが、本書では「評価」を指導者が授業中の学習者の反応をキャッチし学習の流れを組み立てるためのヒントと捉え、学習者が意欲的に取り組むための「指導者の支援」としました。また、「評価」が学習者の次へのステップへの指標となるように、学習の終わりに自分の学習状況を振り返り「自己評価」をすることを学習の中に位置付けました。

 ## 本書掲載指導案「指導者の支援と評価」欄について

本書に掲載した本時の指導案では、○印は指導者の指示や助言の内容です。☆印は現在進行中の評価（ongoing feedback）です。

☆印の「現在進行中の評価」では、指導者の投げかけに対して「学習者の反応」を指導者が把握します。つまり、たった今指導した内容について児童が理解しているのかいないのか、児童がどのくらい理解しているのかを把握するためのものです。したがって、指導者の次の発問を決める役目もします。指導者は注意深く一人一人の児童の反応や理解を秒単位で把握し、全体の授業の流れをつくり上げていく時にこの「現在進行中の評価（ongoing feedback）」が大切になります。

さらに、学習内容の確認だけでなく、児童同士の関わり合い方の状況をチェックします。例えば、グループ活動で仲間と一緒に活動できていない児童がいた時には、グループ内の様子を観察して仲間に入れない理由は何かを明らかにします。道具がないためなのか、活動の仕方が分からないためなのか、周りのテンポについていけないためなのか等を把握します。「現在進行中の評価」は支援の手を差し伸べるための道標です。

 ## 本書掲載指導案「自己評価例」について

授業の終わりに「自己評価」することを学習の一部と考え「自己評価例」を載せました。学習内容を理解できたのかどうか、何ができて何が分からなかったのかを自分で把握する手段です。学習者が理解不足を感じた項目は学習者にとって「次回の学習目標」となります。学習の到達度は児童一人一人異なるので、クラスの友達の出来具合と自分を比べるよりも学習前の自分と学習後の自分を比べ目標に向かうことで学習は深まります。自己評価は児童自身が学習内容をどの程度理解できたかを把握できる道具です。

では、次に「評価」のおおよそについて触れ「学習者を支援する評価の在り方」について考えます。

（1）総括的評価（summative assessment）と
　　　形成的評価（formative assessment）••••••••••••

　評価には evalueation（総合的な評価）と assessment（単元、学期、コース等の終わりにする評価）があります。evaluation は assessment より広い意味があり、授業（lessons）、コース（courses）、プログラムやスキル（programs and skills ）等広範囲にわたります。評価全般について評価の仕組みは次の表のようになります。

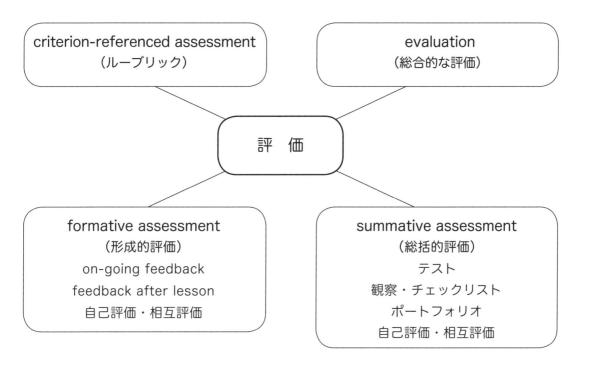

　assessment には、総括的評価（summative assessment）と形成的評価（formative assessment）があります。総括的評価は、主に指導者が学習者の学習の出来栄えを把握して評価するもので、学期の終わりの期末テストや単元の最後の単元テスト等の点数によるものが一般的ですが、学習者の授業態度の観察（observation）や学習者の作品をまとめたポートフォリオ（portfolio）等も評価の構成要素になります。形成的評価は学習過程で行う評価で、指導者が学習過程で学習者の学習状況をフィードバックして学習者に伝えたり、学習者自身が自分の学習の進展を振り返ったりする評価です。学習過程で学習者の意欲を高め学習目標を明確に示し学習過程を修正できるという点で形成的評価（formative assessment）の重要性がクローズアップされるようになりました。具体的には、指導者によるフィードバック（immediate feedback）や現在進行中の評価（on-going feedback）等があります。また、表を用いて学習の到達度をレベルごとに具体的な言葉で明記したルーブリックによる評価もあります。指導者にとって「評価」は学習者の主体的な学習を促し「学習者を支援する」手立ての方法でもあります。

（2）ルーブリックを取り入れて ●●●●●●●●●●●●●●●●●●●●●●●●●●●●●●●●

　学習の過程で学習の出来栄えを評価する形成的評価（formative assessment）としてルーブリックがあります。特にプレゼンテーションやレポートやライティング等、表現活動のパフォーマンス評価に用いられることが多く、また、複数の指導者が同じ視点を共有して評価でき標準化にメリットがあるとされています。

　ルーブリックは 2012 年 8 月の中教審答申の「求められる学士課程教育の質的転換」で授業改善のひとつとして取り上げられ、特にパフォーマンスや課題のレポート等の成績評価で「ルーブリック」を活用することが推奨されています。ルーブリックは評価水準である「尺度」と尺度を満たした場合の「特徴の記述」で構成されたもので、「尺度：クライテリア（criteria）」は出来栄えのレベル（基準）です。「特徴の記述：パフォーマンスのレベルの記述（descriptions of levels of performance）」は、パフォーマンスの質についてどのレベルにあるのかを説明したもの（規準）です。規準は教える内容（content）の説明だけでなく具体的な成果（outcome）の説明（description）も含まれます。

　例えば、英語劇のパフォーマンスでは、本番に向けての繰り返しの練習（グループ練習、クラス練習、学年全体練習等）で、その都度自分の演技を振り返り同じルーブリックでの自己評価ができます。どんなことに注意してパフォーマンスをすれば良いか、また、何ができていれば尺度が上がるのかを示した表（ルーブリック）で現在の自分ができている状況に近い説明（□）にチェックを入れて自分の練習状況を確かめることができ練習の指標となります。

英語劇パフォーマンス　ルーブリック

尺度（レベル）	1	2	3	4
演技の内容	□役のセリフを忘れることがあり教えてもらうことが度々ある □セリフに合ったジェスチャーではない	□役のセリフを間違えずに思い出していおうとしている □ジェスチャーを忘れてしまうこともある	□役に合わせて声の調子や顔の表情を工夫しようとしている □ジェスチャーを工夫している	□役になりきって声の調子や顔の表情を工夫し演技している □場に合ったジェスチャーを工夫し演じている

　ルーブリックは学習過程の始め・中・終わりで同じ表を使用することができます。学習の「最初の段階」では学習目標として、「途中」のフィードバックでは修正のため、最後の段階で出来具合を確かめます。ルーブリックは自分の学習状況の修正や調整する時の指標となり、現在の自分の学習実態と自分のゴールとのギャップを近付ける道具となります。

（3）CLIL での評価方法を考える ●●●●●●●●●●●●●●●●●●●●●●●●●●●●●●●●

　「評価」というと、指導者が学習者の学習の到達度を数値で示す「ものさし」というイメージがありますが、発想を転換し「評価」は「学習者への支援」と考えることができます。つまり、学習者は「評価」によって自身の学び方を自分で決め、指導者は次の指導のアプローチの仕方や個別の支援を丁寧に行うための指標と考えます。

　CLIL では、他教科の内容を英語で学ぶので、本書 p14 に説明した通り、学習目標は他教科の「学習内容の目標」と「英語学習の目標」の両方です。
　本書記載の本時の指導案の「2. 本時の学習目標」では、①内容に関する目標　②言語に関する目標　③協学に関する目標の 3 つを上げました。内容は他教科の学習内容になり、言語は英語の学習事項で、協学は協力して学び合うことです。例えば、単元名「日本のお正月と世界のお正月（p22）」では、国語や社会に関連した教科の内容は「日本のお正月に関連した内容についてカルタの文を英語でつくる」になります。言語の目標は「日本のお正月に関連したカルタの文を英語で表現する」で、the first sunrise, fly a kite, a New Year's card 等の英語の単語や語句を覚え使えるようにすることです。協学については CLIL のアプローチで重要な「思考」を深めるための手段で「関わり合いによる学び」です。
　「5. 本時の評価」（p25）は次の通りで、本時の評価は本時の目標ができたかどうかを 3 つの観点で評価します。
　　①内容：日本のお正月に関連した内容についてカルタつくりができたか。
　　②言語：日本のお正月に関連したカルタの文を英語で表現できたか。
　　③協学：ペアやグループで協力してカルタつくりをしたか。

　総括的評価（summative assessment）では、指導者はこの評価の観点をもとにでき上がった作品の出来栄えをチェックして指導者のコメントを与えたり（ポートフォリオ）、作成途上で学習者がカルタつくりに関わる様子を観察して記録をとったり（観察）、覚えた英単語をテストしたりする等方法は様々あります。
　一方、形成的評価（formative assessment）は、学習過程で行われる評価ですが、授業中の指導者の問いかけに対する学習者の反応を全て把握することは容易ではありません。そこで、学習者の理解度や思いを文字を通して指導者に伝えることができる「自己評価表」の活用は、自ら考え自律して学習を進めることを目標とする CLIL の評価方法のひとつといえるでしょう。

（4）振り返りで自己評価してみる ●●●●●●●●●●●●●●●●●●●●●●●●●●

　「自己評価（self assessment）」は指導者目線で行う評価ではなく、学習者が自分の学習を振り返ることで次の学習の目標に繋げる評価です。「振り返る仕方」を習得すれば次のステップに進む指標を自ら見い出すことができます。これは児童の自発的な学習を支えるスキルです。自己評価表の作成にルーブリックの要素を入れてみました。

　本書掲載の指導案に載せた自己評価表の観点は、「5．本時の評価」をもとに作成しています。次は、単元「学校探検　保健室（生活 1，2 年）p 90」の例です。1 つ目の項目「保健室の役割を考えた」は学習の内容についてどのくらい考えたか（思考）です。2 つ目の項目「調子が悪いことを英語でいえた」は英語の言語習得（言語）についてです。3 つ目の項目「カルタのやり方が分かった」は友達と協力して学び合い高め合えたかです。

単元「学校探検　保健室（生活）1，2 年」の自己評価表

レベル できたこと	(!^^!)	(・・)	(> <)	(＋＋)
学習内容： ほけんしつのやくわりをかんがえた	ひとりでよくかんがえてともだちにもおしえた	ひとりでよくかんがえた	ともだちにヒントをもらってかんがえた	せんせいにおしえてもらった
英語の習得： 「ちょうしがわるいこと」をえいごでいえた	ぜんぶ、えいごでいえた	はんぶん、いえた	2 ついえた	ひとついえた
協学： カルタのやりかたがわかった	ともだちにやりかたをおしえてあげた	ともだちにヒントをあげた	ともだちにヒントをもらってわかった	ともだちにおしえてもらってわかった

　絵文字　(!^^!)　(・・)　(> <)　(＋＋)　は、4 段階のレベル（尺度；基準）です。
　例えば、保健室の役割を一人で良く考えて友達にも教えたと自己評価すると、(!^^!) の欄に○を付けます。体調を英語で伝えることについて半分いえたなら (・・) の欄に○を付けます。カルタのやり方が分からず友達に教えてもらったなら、(＋＋) に○を付けます。この自己評価は自分自身でこの時間の学習がどのくらい理解できたのか、あるいはどのくらい思考を働かせたのか、友達とともに学ぶことができたのかを、もう一人の自分が学習を終えた自分を評価すると考えれば良いと思います。このような自己評価表は、学習の過程で見失いがちな学習目標を再確認しゴールを明確にすることができます。

ルーブリックの作成についてはそれぞれの学校やクラスの実情に応じた方法で作成すると良いと思います。次は、単元「体の動き（体育3, 4年）p94」の自己評価表の例です。

単元「体の動き（体育）3, 4年」の自己評価表

レベル／できたこと	(!^^!)	(・・)	(> <)	(＋＋)
動物の動きを考えた	一人でよく考えてともだちにもおしえた	一人でよく考えた	友達にヒントをもらって考えた	先生におしえてもらった
From Head to Toe 体操ができた	全部、英語で歌えた	半分、歌えた	少し、歌えた	ほんの少し歌えた
協力してトレーニングをした	100点〜90点	89点〜60点	59点〜20点	19点〜0点
用具の準備や片付けができた	100点〜90点	89点〜60点	59点〜20点	19点〜0点

　ルーブリックの作成に慣れるまでは時間がかかります。学年の発達段階や学習内容に応じて、その都度の規準（達成したいことを記述する内容）が異なるからです。しかし、回を重ねることによって作成時間は短縮できるようになります。指導者にとって、学習者と話し合ってルーブリックを作成することで、指導の観点が明確になり指導のゴールを見失わず進めることができ「指導中の迷い」もなくなります。また、学習者が作成に加わることで、学習者は目標を明確に持つことができます。学習者が「なりたい自分」や「どんなことができるようになりたいか」を考え、友達と話し合ってルーブリックの観点や尺度を決め、規準のおおよその文言を考えてみるということは、どこに焦点を当てて学習すれば良いのかが明確になるということです。ルーブリックの要素を取り入れて自己評価表を自分達で作成し活用できれば、学習の仕方が分かりなりたい自分に近付く手立てを見つけ積極的に学習に取り組むことができます。次は和子さんの自己評価です。

```
自己評価              名前　和子
  動物の動きを考えた                (> <)
  From Head to Toe 体操ができた      (・・)
  協力してトレーニングをした          (!^^!)
  用具の準備や片付けができた          (> <)
```

　和子さんは、「動物の動きを考える時、友達にヒントをもらったり、用具の準備や片付けができなかったりした」と自分を評価しています。そこで、次の体育の時間には、「友達からのヒントがなくても頑張ろう」とか「友達と協力して準備や片付けをしよう」と、より高い目標に向かう自分になるヒントを見つけることができます。

なお、ルーブリックでは、レベルの記述（規準）を点数で表すことはしません。しかし、学習者が点数で表した方が分かりやすいと指導者が判断した時には、ルーブリックの規準を点数で表す自己評価表を作成しても良いと思います。クラスの実態を一番良く把握しているクラス担任（CRT）やクラスに関わっている学年の指導者の知恵を結集して自己評価のためのルーブリックを作成し指導法に変化を持たせてみるのも良いと思います。

　評価するという活動は学習過程の全ての時点で行われます。考えることは面白い、友達の意見を聞いてなるほどと思った、もっと深く追求しようと学習者に思わせるような評価の方法を工夫したいものです。指導者の指示や支援で学習者がやる気になれば学習に勢いが付きクラス全体の習熟度も上がります。このように、評価から得られることは、指導者のための効果的な授業プランへの道標であり、指導者は評価の結果を参考にして授業改善に繋げていくことができるのです。

　付け加えて、「相互評価」は友達同士の評価です。友達からの評価は時に指導者からの評価よりも学習者を学習に向かわせる勇気を生み出します。「良かった点や改善点」を友達から教えてもらうことで自分が気付かなかったことが明らかになり、さらなる学習意欲に繋がります。作成した自己評価表に少し工夫を加えて相互評価表を作成してみるのも良いと思います。

　最後に、指導と評価は一体であるといわれます。teaching（指導）と learning（学び）は相互に作用しながら学習をつくり出します。学習者が毎日の授業の中で学びたいと思ったり学ぶことができると感じたりできるように指導者は「手助け」し、学習者は自分の学習を振り返って学びを修正し、指導者は学習者の要求に答えて指導を工夫していく、そんな「評価」でありたいものです。

おわりに

　日本の公立小学校では他教科の内容を全て英語で指導することは現実的ではありません。先に出版した「英語絵本を使った授業つくり―CLIL 的アプローチ指導案 12 か月―」に続いて、他教科との連携で英語の特性を生かした指導方法について模索してきました。幸運にも、船橋市の公立小学校での英語指導実践を希望する学生へのサポートの際に、現場の先生方から指導案作成について様々な意見やアイデアを頂きました。掲載の指導案は実際に小学校のクラスで実施したものは数少なく、履修生の模擬授業のための指導案をもとに筆者がアイデアを付け加え修正した指導案です。クラスの実情に合わせて細案をつくり直して頂ければ幸いです。

　今では、指導書やオーディオ機器が整い、教科書通りに授業を進めることに四苦八苦だった頃とは違い、現場でも余裕を持って英語学習に取り組めるようになりました。それぞれの小学校の英語学習の実態や実力に応じてもう一段高みを目指し、児童の興味や関心に合った指導計画や指導案をつくることが今後求められます。CLIL の考え方は英語学習だけでなく全ての教科で使える「魔法のランプ」となるでしょう。

　昨今、現場の先生方の仕事内容は多岐にわたり、「教科を教える」という本来の仕事に多くのエネルギーを費やせなくなっている現状も承知しています。何もないところから第一歩を踏み出すことは困難でも、何かの「手がかり」があればスタートできるかもしれません。本書がそんな現場の先生方の参考になれば嬉しいです。

　執筆を終えるにあたり、大学の教員養成課程講座「児童英語指導法」の履修生の皆さんとの授業を懐かしく思い出しています。英語の音素・音韻を駆使したお話つくりや模擬授業のための指導案つくり等に取り組みました。2020 年後期は Zoom 授業となり画面を通したパフォーマンスの可能性を模索しました。卓越した多くのアイデアに出会い貴重な成果を本書にまとめることができました。

　また、小学校教員時代の同僚の長谷川澄江さんと学友の田所直子さんにアドバイスを頂き、樋山洋子さんには校正を手伝って頂きました。オーストラリアの友人 Robyn Bonfield さんには Chapter 4 の英文チェックをお願いしました。心からお礼申しあげます。

　北アルプスの壮大な景色に見守られ、COVID19 の影響下においても安心して執筆活動ができましたことを感謝いたします。

令和 5 年（2023）3 月 21 日　　虚空蔵山（旧四賀村）にて　　内山　工

参考文献及び書籍

○安藤輝次 (2008).「一般的ルーブリックの必要性」『教育実践綜合センター研究紀要』第 17 号，1-10.

○安藤輝次 (2013).「形成的アセスメントの理論的展開」『関西大学学校教育論集』第 3 号，15-25.

○安藤輝次 (2014).「ルーブリックの学習促進機能」『関西大学文学論集』第 64 巻第 3 号，1-25.

○Black, P., and William, D. (1998). *Inside the Black Box : Raising Standards Through Classroom Assessment.* Retrieved March 3, 2020, from Phi Delta Kappan Internet site:

　https://www.rdc.udel.edu/wp-content/uploads/2015/04/InsideBlackBox.pdf

○Blookhart, M, S. (2013). Free sample from *How to Create and Use Rubrics for Formative Assessment and Grading,* pp.1-16. Retrieved March 1, 2020, from ASCD Internet site:

　https://www.weareteachers.com/wp-content/uploads/ASCD-3-Book-Sample-HowtoCreateandUseRubrics.pdf

○Cameron, L. (2001). *Teaching languages to young learners.* Cambridge:Cambridge University Press.

○小坂貴志，小坂洋子 (2005).「アメリカの小学校教科書で英語を学ぶ」東京：ベレ出版.

○Lightbown, P. M., & Spada, N. (2006). *How Language are Learned.*
Oxford: Oxford University Press.

○文部科学省 (2012).「求められる学士課程教育の質的転換」『新たな未来を築くための大学教育の質的転換に向けて〜生涯学び続け，主体的に考える力を育成する大学へ〜（答 申）平成 24 年 8 月 28 日 中央教育審議会』Retrieved March 1, 2020, from

　https://www.mext.go.jp/component/b_menu/shingi/toushin/__icsFiles/afieldfile/2012/10/04/1325048_1.pdf

○笹島茂 (2011).『CLIL 新しい発想の授業―理科や歴史を外国語で教える !?―』東京：三修社.

○田中真紀子 (2017).『小学生に英語の読み書きをどう教えたらよいか』東京：研究社.

○Trostle, B. S., & Donato, M. J. (2001). *Storytelling in Emergent Literacy Fostering Multiple Intelligence.* United States: Thomson Learning.

○内山工 (2020).「児童英語教育に関わる学習者のパフォーマンス評価におけるルーブリック作成の試み－学びのためのアセスメントとしての自己評価のツール－」『四国英語教育学会紀要』第 40 号，1－15.

○渡部良則・池田真・和泉伸一 (2011).『CLIL(クリル) 内容言語統合型学習　上智大学外国語教育の新たなる挑戦　第 1 巻　原理と方法』東京：上智大学出版局.

使用した英語絵本

○ Eric Carle (1999). *From Head to Toe.* HarperCollins.

○ Kate Messner (2014). *Over and Under the Snow.* Chronicle Books.

○ Margaret A. Hartelius (1998). *Is That You, Santa?* Grosset & Dunlap.

○ Pat Hutchins (1993). *The Wind Blew.* Aladdin Reissue.

○ Paul Galdone (1985). *Little Red Hen.* Clarion Books.

○ Virginia Lee Burton (1978). *The Little House.* Houghton Mifflin Company.

協力者　　神田外語大学児童英語教員養成課程「児童英語指導法」履修生（2017 ～ 2020）

イラスト　柚紀　美紀　遥紀　琉乃　碧人　乃珈

【著者プロフィール】

内山 工（うちやま たくみ）

信州大学教育学部卒業後東京都にて小学校教員として勤務。在職中にオーストラリア・クイーンズランド州立グリフィス大学大学院にて Master of Education, Master of TESOL を取得。小学校退職後神田外語大学大学院言語科学研究科英語学専攻英語教育課程にて Master of Arts を取得し東京都中央区公立中学校で英語講師を務めた。その後タイ国立ブラパー大学東洋言語学部日本語学科で勤務し、神田外語大学非常勤講師として児童英語教員養成課程「児童英語指導法」を担当した。現在、Ameba Blog「水曜日にこんにちは！ Keep on studying English! ―のんびりさんの英語ノートより―」を開設し英語学習の楽しさを発信している。
著書：『英語絵本を使った授業つくり―CLIL的アプローチ指導案12か月―』（郁朋社）

The Tweed Regional Gallery at Murwillumbah, NSW, AUS にて

他教科と連携した小学校英語の授業
　　　　——CLIL的アプローチ学習指導案21例——

2023 年 3 月 25 日　第 1 刷発行

著　者 ── 内山 工（うちやま たくみ）

発行者 ── 佐藤 聡

発行所 ── 株式会社 郁朋社（いくほうしゃ）

〒 101-0061　東京都千代田区神田三崎町 2-20-4
電　話　03（3234）8923（代表）
Ｆ Ａ Ｘ　03（3234）3948
振　替　00160-5-100328

印刷・製本 ── 日本ハイコム株式会社

装　丁 ── 宮田 麻希

落丁、乱丁本はお取り替え致します。

郁朋社ホームページアドレス　http://www.ikuhousha.com
この本に関するご意見・ご感想をメールでお寄せいただく際は、
comment@ikuhousha.com　までお願い致します。